철도

문화의 길 003
질주하는 역사
철도

ⓒ 조성면 2012

초판 1쇄 인쇄 2012년 11월 8일 초판 1쇄 발행 2012년 11월 15일
지은이 조성면 **펴낸이** 이기섭 **기획** (재)인천문화재단 **편집** 최광렬 **마케팅** 조재성 성기준 정윤성 한성진 정영은
관리 김미란 장혜정 **디자인** 오필민 디자인 **펴낸곳** 한겨레출판(주) **등록** 2006년 1월 4일 제313-2006-00003호
주소 121-750 서울시 마포구 공덕동 116-25 한겨레신문사 4층 **전화** 02)6383-1602~3 **팩스** 02)6383-1610
홈페이지 www.hanibook.co.kr **이메일** ckr@hanibook.co.kr

값은 뒤표지에 있습니다. 파본이나 잘못된 책은 서점에서 바꾸어 드립니다.

ISBN 978-89-8431-625-6 04080

문화의 길
총서
03

질주하는
역사
철도

글 · 사진 조성면

한겨레출판

기차 여행을
시작하며

이 글은 철도 이야기다. 한국 최초의 철도였던 경인선과, 작지만 숱한 에피소드를 남기고 떠난 협궤열차 수인선이 바로 그 주인공이다. 경인선의 역사성은 개통식 날짜인 9월 18일이 '철도의 날'이라는 사실만으로도 충분한 설명이 되고, 수인선은 우리 문화에서 추억과 낭만의 상징으로 남아 있으니 말을 덧붙일 필요가 없을 것이다.

『질주하는 역사, 철도』는 인천문화재단의 후원으로 2010년 9월 16일부터 2011년 4월 10일까지 스물다섯 차례에 걸쳐 《경인일보》에 연재한 글들을 묶고 다듬고 보완한 문화 다큐멘터리이며 생활 속의 가벼운 여행기다. 철도 여행이나 이를 소재로 한 책이 많을 것으로 생각하기 쉽다. 그러나 널리 알려진 유명한 작품을 읽은 사람이 드문 것처럼, 철도를 소재로 한, 특히 경인선과 수인선을 테마로 한 본격적인 기행문이나 다큐멘터리는 찾아보기 어렵다. 하루면 웬만큼 다 돌아볼 수 있는, 또 우리가 늘 접하는 일상생활이기도 한 경인선과 수인선을 제대로 다루고 지난날의 우리를 돌아보는 성찰의 시간을 만들어 보고자 했다. 그러므로 이 글은 우리의 생활과 일상에 대한 탐험이기도 하다.

나아가, 우리가 경인선에 대해 이야기하고 자꾸 수인선을 되돌아보는 이유에 대해서 생각을 나누고자 했다. 우리가 자꾸 그때 그 시절을 떠올리고 회상하는 것은 과거에 대한 아련한 노스탤지어의 발로일 뿐 아니라, 개발이 되풀이되는 이 광폭한 문명의 질주에 대한 깊은 피로를 떨치고 새로운 인문적 삶의 양식을 찾고 싶다는 갈망의 표현이기도 할 터이다. 성글고 거친 글이지만, 이것이 지금의 우리를 살펴보는 의미 있는 쉼표가 되었으면 하는 바람을 가져 본다.

어쩌면 나는 어른들과 선배들을 대신하여 경인선·수여선·수인선을 생활의 실감으로 증언할 수 있는 거의 마지막 세대이거나, 이들을 경험한 세대와 경험하지 못한 세대 사이를 이어 줄 수 있는 교량적 위치에 서 있다고 말할 수 있다. 화성에서 태어나서 인천에서 어린 시절을 보냈고 인천에서 수원으로 내려와 지금까지 이곳에서 살고 있으니, 경인선과 수인선은 내 삶의 일부이거나 그 자체였다고 할 수 있을 것이요, 적임자라면 적임자라 할 수 있을 것이다. 수여선과 수인선이 교차하고 수원역에서 출발한 기관차들이 시운전을 하던 세류삼각선은 나의 놀이터였고 생활공간이었다. 그리고 코스모스가 듬성듬성 핀 수여선의 철길을 따라 나는 세류초등학교와 수원고등학교를 다녔다. 앙증맞은 동차의 기적 소리가 아직도 귓가에 생생한데, 언제나 영원히 지속될 것 같았던 이 심상한 풍경도 이제 더는 만날 수 없는 아련한 기억으로 남게 되었다. 수인선을 타고 고향으로 내려오던 기억, 사리역 인근 저수지에서의 얼음낚시, 군자역에서 내려 친구 집 모내기를 도우러 철길을 따라 걷던 모습이 손에 잡힐 듯 선연한데, 어느새 나는 흰머리가 더 자연스러운 중년이 되었다. 저 멀리서 들려오는 기차 소리를 들으며 문득 생각에 잠긴다. 몇몇 장면들이 주마등처럼 두서없이 지나간다.

소년이 있다. 그는 오늘도 공연한 기적 소리를 울리며 세류동 고가를 넘어 고색동으로 넘어가는 하늘색 동차를 심드렁한 표정으로 바라본다. 그렇게 네다섯 차례 동차가 오가고 나면 벌써 저녁놀이 오목동 하늘에 걸린다. 그리고 하루가 저문다. 별로 감동적일 것이 없는, 늘 되풀이되던 풍경이었다.

  날이 좋은 장날이면 동차는 더욱 붐비고 소란스러워진다. 아낙들이 양동이와 고무 다라이(대야)에 채워 온 동죽이며 방게(밤게) 때문이다. 그런 날 동차는 시끌벅적한 기러기 울음소리와 포구의 냄새로 가득하다. 통학생들의 가방과 아주머니들의 고무 다라이가 한데 뒤엉켜 동차 특유의 장면이 펼쳐진다. 이쯤 되어서는 성격 좋은 차장도 다라이 좀 치우라고 성화지만, 상황이 바뀔 리 만무하다. 이 비좁은 협궤 동차에서 내리지 않는 이상, 무엇을 어디로 어떻게 치운단 말인가. 물론 차장도 다라이들이 치워지고 차내가 말끔하게 정돈되리라는 기대는 없다. 그의 말이 떨어지기 무섭게 아낙들의 수다와 통학생들의 잡담으로 동차 안이 다시 소란스러워진다. 그뿐인가. 동차는 창문마저 제각각이어서 어떤 것은 용을 써도 열리지 않고 또 어떤 것은 닫히지 않는다. 그래도 상관없다. 어차피 '똥차'니까.

  우리가 똥차라고 불렀던 협궤 동차는 당시 시외버스 요금보다는 삯이 헐해서 주머니가 가벼운 통학생들이나 억척어멈들에게는 여전히

인기 만점의 이동수단이었다. 차멀미를 곧잘 하던 소년은 기차라면 무조건 오케이다. 어느 토요일 오후 그가 한 무리의 고등학생들과 함께 수인선을 탔다. 군자역 부근에 사는 친구네 모내기에 일손을 거들러 가는 착한(?) 악동들이다. 군자역에 내린 할 일이 생긴 청춘들이 레일 위를 걷는다. 한쪽 레일 위를 걸으며 누가 떨어지지 않고 오랫동안 멀리 갈 수 있나 시합 중이다. 뒤뚱뒤뚱 오리걸음으로 그렇게 친구네 집으로 향했다. 그들의 평소 행실로 봐서 당연히 내기를 걸었을 터이지만, 누가 이겼는지, 약속은 지켰는지 기억에 없는 걸 보면 아마 그냥 유야무야 넘어간 듯하다.

한 젊은 친구가 시내버스에 올라 수원역으로 1호선 전철을 타러 간다. 인천의 주안역까지 가자면 구로역에서 갈아타야 한다. 시간이 급한데 버스가 멈춘다. 이어 종소리가 요란하게 울리며 세류동 건널목에 차단기가 내려진다. 아니, 아직도 수인선이 다닌단 말인가. 느려 터진 동차가 승객들의 눈치를 보며 수원역과 세류동 건널목을 지난다. 그

잠깐의 정체가 한없이 길고 길다. 경제가 성장하고 승용차가 늘어 가면서 우리 동차는 수원역 상습 정체 구간의 짜증을 배가시켜 주는 천덕꾸러기가 되어 가고 있었다. 그래도 오랫동안 우리와 함께해 온 국내 유일의 협궤열차인데, 어떻게든 살렸으면 하는 마음이 들었다. 1972년 수인선의 쌍둥이 형님뻘인 수여선이 사라진 이후 수인선은 명실상부한 국내 유일의 협궤열차가 되었고, 추억과 낭만의 상징으로 새삼스런 주목을 받고 있던 참이었다. 이런 중론과 상관없이 동차의 효용과 자연 수명은 갈수록 소진되어 갔고, 더 이상 새로운 차량을 제작할 계획도 없고 기존 차량을 수리할 부품도 없다는 비관적인 소식이 들려온다. 차단기가 올라가고, 버스가 다시 출발했다. 오직 그때뿐, 젊은 친구는 수인선을 잊는다. 그러던 어느 겨울날, 동차가 홀연 우리 곁을 떠났다. 그럴 줄 알았으면 사진이라도 좀 찍어 두고 일부러라도 한두 번 더 타 보는 건데……. 자신의 게으름과 낮은 문화 의식에 거듭 탄식하며 자책한다. 똥차가 떠난 차가운 겨울, 수인선 철길 위로 은행잎들과 과자 봉지가 바람결에 뒹굴고 있었다.

그로부터 16년 후. 중년의 사내가 세류삼각선을 찾았다. 그들의 놀이터이자 수여선과 수인선의 교차점이며 증기기관차늘의 시운전 코스였던 세류삼각선은 이제 없다. 작은 도로가 되어 옛 흔적만 어렴풋하다. 어법이 틀린 간판을 자랑스레 내걸었던 세류삼각선 수인선 연변의 '짚시이발관'마저 그 위치가 가물가물하다. 슬레이트 집과 기와집을 밀어내고 새로운 주택가가 형성돼 있었고, 이마저도 곧 재개발되어 사라질 참이다. 이곳은 사람은커녕 도둑고양이조차 보이지 않는 을씨년스런 재개발 지구가 되었다. 그래도 일요일과 명절을 앞두고 인산인해를 이루었던 '수일목욕탕'의 붉은 벽돌 굴뚝이 알은척을 한다. 목욕탕 굴뚝만이 의연하여 이곳이 수여선과 수인선이 교차하던 내 살던 옛 동네였음을 알려 준다. 그는 수인선 건널목 자리에 세워진 '수인선 세류공원'이란 표지석보다 작은 기적이라 할 '수일목욕탕'의 굴뚝이 더 소중하고 가슴이 시리다.

가장이 된 그에게 수도권 전철 1호선은 가장 널리 애용되는 교통수

단이고 이동식 독서실이자 토막잠을 제공하는 가장 익숙한 생활공간
이다. 그는 수원에서 인천으로, 인천과 서울에서 수원으로, 또 평택으
로 대학원도 다니고 강의도 다녔다. 예전에 그랬듯이 앞으로도 그는
경인선 노선을 거의 그대로 계승한 전철 1호선을 타고 다니며 함께할
것이다.

글을 쓰는 동안 많은 도움을 주신 인천문화재단과 경인일보사, 손길신
철도박물관장님 그리고 인천광역시립박물관에 감사드리며, 아울러 일
일이 언급하지 못한 인연들께도 거듭 감사의 인사를 올린다. 이 책은 이
렇게 엮이고 태어났다.
기적이 울리고, 이제 우리의 여행이 시작되었다.

2012년 어느 가을날에

조성면

1부 ◢ 나는 경인선이다

2부 🚂 풍경화 속의 추억 열차 수인선

3부 남기고 싶은 이야기

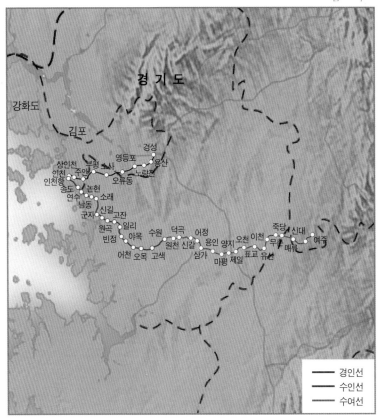

경 기 도

강화도

김포

경성

영등포
용산

상인천 노량진
인천 주안
인천항 노량진
송도 논현
연수 오류동
남동 소래
군자 신길
원곡 고잔
빈정 야목 일리
어천 오목 고색

수원 덕곡
원천 신갈 어정
삼가 용인 양지 오천 이천
미평 제일 표교 유산

죽당 신대
무촌 여주
매류

강화도

┌─────────────────┐
│ ──── 경인선   │
│ ──── 수인선   │
│ ──── 수여선   │
└─────────────────┘

일러두기

- 이 책은 2010년 9월 16일부터 2011년 4월 10일까지 『경인일보』에 연재된 내용을
  재편집, 수정하여 엮었습니다.
- 위의 지도에 표기된 철도 노선은 일제강점기(~1945년)에 이루어진 변화를 반영하고 있으며,
  따라서 각 선 개통 당시의 노선과는 역의 수와 이름 등에서 다소 차이가 있습니다.
- 저자 제공본 외에 이 책에 사용된 사진은 그 출처를 밝혔습니다. 저작권은 해당 출처에 있습니다.

1부

나는
경인선이다

한국 철도의 원조라는 영예와

식민화의 관문이었다는 불명예가

철도 레일처럼 팽팽한 균형을 이루는

시소게임 같은 역사.

경인선은 그 영욕의 역사를 관통하며

한 세기가 넘는 오랜 세월을

쉬지 않고 달려 왔다.

기적이
울리다

공교로운 이름 '모갈'

기적이 울렸다. 역사가 시작됐다. 1899년 9월 18일 9시. '거물'이란 이름의 육중한 모갈(mogul, 당시 이름은 모가 1호) 증기기관차가 희뿌연 증기를 내뿜으며 굉음과 함께 노량진을 떠나 제물포로 출발했다. 달랑 이름뿐이었던 나라 대한제국이 드디어 철도의 시대로 진입하는 순간이었다.

근대 문명과 진보의 상징인 철도. 그러나 비주체적으로 맞이한 우리의 철도 시대는 가혹했다. 그것은 자연의 속박과 공간적 제약 속에서 살아가던 주술적 시대와 결별하고 인간의 힘으로 시간과 공간의 한계를 극복하는 기계문명의 쾌거이기도 했지만, 다른 한편으로는 혹독한 식민 시대를 앞당긴 비극의 서막이기도 했기 때문이다. 한국 철도의 역사를 열어젖힌 증기기관차 '거물', '모갈'이 인도와 유럽인들을 벌벌 떨게 했던 침략자 무굴제국의 이름인 '무굴'이기도 하다는 사실은, 그래서 더욱 공교롭다.

경인선은 시작부터 열강들의 각축장이었다. 맨 처음 경인선 철도 부설권을 손에 넣은 이는 미국인 브로커 모스(J. Morse)였다. 모스는 주미 대사관에 근무하던 이완용과 이하영을 통해서 대한제국 정부와 협상 테이블에 앉게 된다. 이때 모스는 온갖 호언장담과 5만 불의 리베이트 공약 등을 제시하며 공작을 벌였으나 여의치 않자 다시 서재필과 알렌(N. H. Allen)에게 매달린다. 드라마 〈제중원〉으로 우리에게 잘 알려진 미국 공사 알렌이 민영익을 치료해 주고 고종의 아관파천을 돕는 등의 외교적 활동으로 대한제국 황실과 두터운 친분과 신임을 쌓았는데, 이것이 모스에게 경인철도 부설권과 평북 운산의 금광 채굴권을 안겨 준다. 뜻밖의 대박을 터뜨린 모스는 곧이어 월미도에 스탠다드 석유 회사 저장고를 건설했고, 서울의 전차 사업에도 착수한다.

청일전쟁과 을미사변 등을 거치면서 한반도에 대한 배타적 영향력을 행사하던 일본 정부가 짐짓 여유를 부리다 국제적인 '떴다방'에게 뒤통수를 맞은 것이다. 당황한 일본은 곧바로 인맥과 외교 채널을 풀가동하여 자금 조달에 어려움을 겪던 모스에게 일화 170만 2,452원을 지불하고 부설권을 사들인다. 이어 일본은 서둘러 기공식을 갖고 5개월 만에 노량진에서 경인철도 개통식을 거행한다.

열강들만의 잔치판이었던 경인선이건만, 그 이면에는 진기록과 흥미로운 가십들도 남기고 있다. 우선 세계 철도사에서도 유례를 찾아보기 힘든 세 차례의 기공식이 치러졌다는 점을 꼽을 수 있다. 모스가 인부 350명과 함께 1897년 3월 22일 경인가도의 우각리에서 한 번, 일본이 1899년 4월 23일 인천역에서 또 한 번, 마지막으로 1971년 4월

7일 인천공설운동장에서 거행한 경인선 전철화 착공식이 그것이다.

그리고 예나 지금이나 사회야 어떻게 돌아가든 절에서 빗을 팔아먹는 것보다 더한 일도 마다하지 않는 지독한 실속파들이 있기 마련이다. 이 난리 북새통 속에서도 한몫 단단히 챙긴 달인들이 있었다고 전해진다. 경인선 개통식 당일부터 일본 무라이 회사의 담배 '히어로'를 판 담배 장수들과, 제물포역에서 일본 은단을 모방한 짝퉁 은단 '청심보명단'을 만들어 판 이경봉이란 수완가가 그 주인공들이다.

경인선이 서울로 가는 바닷길과 육상 통로를 확보하고자 하는 일본의 군사적 목적으로 부설되었다면, 우리의 기억 속에 낭만의 상징으로 남아 있는 수인선과 수여선은 쌀과 소금 등을 수탈하기 위한 기형적인 식민지 물류 정책의 결과였으니, 인간사 예측 불허의 아이러니라 하지 않을 수 없다.

수인선은 1937년 7월 19일 개통하여 1995년 12월 31일 종운식을 갖고 폐선될 때까지 무려 58년 동안 수원과 인천 그리고 중부 내륙의 여객과 화물 수송을 전담하던 이른바 경기 네트워크의 원조였다. '꼬마열차', '동차(童車)'라는 별칭대로 수인선은 선로 폭이 성인의 큰 걸

최초의 기관차 모갈(모가 1호)이 시운전을 위해 공작창을 떠나고 있다. (사진: 한국철도박물관)

음 정도인 762밀리미터의 협궤였다. 수인선의 전사(前史)에 해당하는 수여선은 이천과 여주의 쌀을 수탈할 목적으로 부설되어 수인선보다 앞선 1931년부터 이미 운행되고 있었는데, 요금이 쌀 두 말 반 값이 넘어서 '양반 철도'라 불리기도 했다. 수여선은 화차를 개조하여 창문을 내고 나무 의자를 세로로 배치해 '곳간차'라는 별명으로 통했으며, 무릎까지 오는 짧은 스커트를 입은 여차장이 업무를 보아 세간의 관심을 끌었다고 전해진다.

생활 혁명의 시작

국방공위(國防共衛) 경제공통(經濟共通)의 기치 아래 경인선에 이어 경부선(1905)과 경의선(1906) 등 한반도 전역을 X 자로 종관(縱貫)하는 철도 네트워크를 구축한 일본이지만, 그네들의 의도대로 철도 운영이 마냥 순조로웠던 것은 아닌 모양이다. 철도에 대한 백성들의 반발과 비싼 요금 등으로 그네들은 한동안 철도 경영에 많은 어려움을 겪어야 했다.

문명 충돌까지는 아니라고 하더라도 '새로운 것'은 언제나 '있는 것' 내지 '낡은 것'과 심각한 갈등과 불화를 일으키는 법이다. 철도의 등장은 당시 한국인들의 습속과 무의식을 지배하던 도참과 풍수사상 같은 물활론(物活論)들과 배치되는 것이어서 갈등과 저항이 불가피했다. 심지어 수백 년 전에 이미 철도의 등장을 암시하는 비결서들이 있었을 정도이다. 가령, 『격암유록』 '말초가'에는 "동북 천 리로 철마가 다닌다

(東北千里鐵馬行)"는 구절이, 『겸암비결』에는 "산을 깎고 길을 뚫으니 산하가 무슨 죄인고(鑿山通道 山河何罪)"라는 말이 나온다.

비결 및 예언서 연구자인 류정수의 『한국의 예언』에 따르면, 『겸암비결』을 지은 겸암은 실존 인물로, 서애 유성룡의 친형 유운용(1539~1601)이다. 겸암은 비범한 능력과 기지로 임진왜란 당시 왜병들과 이여송의 간담을 서늘케 하여 민족적 자존심을 세운 야사의 주인공으로서 흔히 서애 대감의 '바보 삼촌'으로 알려져 있으나, 실제로는 사복첨정과 풍기 군수를 지낸 도인으로 서애의 친형이라고 한다.

『겸암비결』은 겸암이 25세가 되던 선조 18년(1563)에 지은 것이라 하는데, '착산통도' 바로 아래 대목에 "바다를 막고 길을 통하니 푸른 바다가 어찌된 셈인고(海方通道 蒼海何數)"라는 구절이 나온다. 가만히 보면 이는 경인선 철도와 연계된 축항 시설로서 1911년에 착공되어 1918년 10월에 완공된 인천의 갑문식 도크를 암시한 것으로 볼 여지가 있어 놀라울 따름이다. 믿기지는 않지만, 왠지 그냥 믿어 주고 싶다.

알다시피 철도의 등장

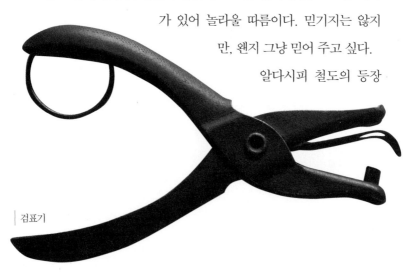

검표기

은 그 이전에 인간들이 상상하지도 경험하지도 못했던, 우리의 일상과 문화 그리고 사회구조를 뒤바꾼 어마어마한 생활 혁명이었다. 19세기의 막바지인 1899년, 우리도 철도에 승차함으로써 본격적으로 근대적 물질문명 시대에 들어섰다. 수많은 곡절과 역사적 기억을 간직하고 있는 9월 18일 오늘. 이 역사적인 날의 한복판에, 근대적인 경인 네트워크의 중심에 인천이 있었다. 경인선이, 그리고 수인선이 있었다.

경인선
유전(流轉)

위험한 출입문

경인선은 '위험한 축복'이었다. 아니, 오랜 가뭄 끝의 태풍 같은 가혹한 축복이었다. 한국 철도의 원조라는 영예와 식민화의 관문이었다는 불명예가 철도 레일처럼 팽팽한 균형을 이루는 시소게임 같은 역사. 경인선은 그 영욕의 역사를 관통하며 한 세기가 넘는 오랜 세월을 쉬지 않고 달려 왔다.

국민소설 「사랑방 손님과 어머니」의 작가 주요섭(1902~1972)의 장편 『구름을 잡으려고』(1935)에 경인선의 본질을 날카롭게 꿰뚫고 있는 대목이 나온다. "제물포—그것은 조선이 열어 놓은 출입문의 하나였다. 그리고 그것은 위험한 출입문이었다." 그의 말대로, 한적한 어촌 제물포는 강화도조약(병자수호조규)으로 일약 개국 1번지로 떠올랐고, 경인철도가 부설되면서 이 위험한 출입문은 바퀴까지 달게 되었다. "앞에다 깃대를 세우고 괴상한 기계로 이리저리 살펴보고는 다시 자로 여기저기 재어 보고는 또 쇠막대를 한 토막씩 매일매일 서울을 향해 놓아

간다." 침목을 설치하고 레일을 깔면서 조금씩 서울을 향해 다가왔던 철도 부설 장면 묘사가 흡사 대한제국의 숨통을 향해 조금씩 조여 오는 것 같은 위압감을 준다. 과연 대한제국은 경인선을 필두로 시작된 철도 부설의 대가로 공간에 대한 지배권을 일제에 넘겨주고, 곧이어 역사의 무대에서 사라져 버렸던 것이다.

　말랑한 연애소설로 유명한 주요섭에게 이런 날카로움이라니, 의외다. 그러나 이는 대중적 오해일 뿐이다. 주요섭은 연애소설 작가가 아

한국에서 최초로 기관차를 조립한 것을 자축하기 위한 기념사진. 커다란 일장기가 먼저 눈에 들어온다. (사진: 한국철도박물관)

니라 「인력거꾼」처럼 사회의식이 투철한 작품을 쓰기도 했으며, 《신동아》와 《코리아 타임즈》의 주간과 주필을 역임한 전방위적 문필가였던 것이다. 말 나온 김에 한마디 더하면, 국민적 사랑을 독차지한 「사랑방 손님과 어머니」가 실제로는 그리 아름답지만은 않은 염정소설일 수도 있다는 점을 생각해 볼 필요가 있다. 이 소설이 아름다운 작품으로 우리들의 마음속에 각인된 단 하나의 이유는 물정 모르는 여섯 살배기 소녀의 관점에서 스토리가 띄엄띄엄 전달됐기 때문이다. 만일 사랑방 손님과 어머니의 이야기가 정보 전달력이 떨어지는 어린아이의

인천부 내 철도 약도. 아래쪽의 최초 철도 예정선과 크게 달라진 실제 노선이 마치 도입부터 왜곡된 우리 철도사의 표상인 듯하다.

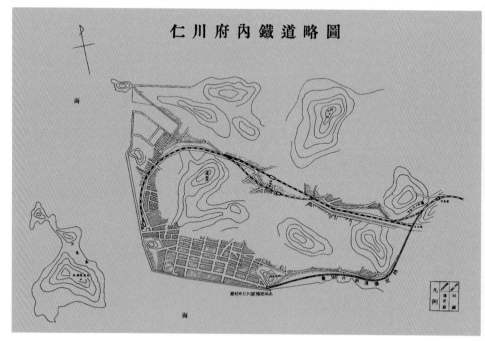

仁川府內鐵道略圖

시점이 아니라 감수성 예민한 여고생이나 성인들의 시점에서 촘촘하게 전달되기만 했어도 결코 아름답지 않은 아찔한 치정극이 될 수도 있었다. 그야말로 시점과 화법의 혜택을 톡톡히 누린 셈이다.

그런데 웬일인지 소설의 인기는 좀처럼 식지 않아 1961년에는 신상옥 감독에 의해 영화로 만들어지기까지 했다. 그리고 공교롭게도 영화의 촬영지가 수인선과 수여선의 중심인 수원 팔달산 일대의 한옥마을이었으니, 파고들수록 철도와 그 주변의 이야기들은 흥미롭고도 무궁무진하다.

거북하고 불편한 진실

진리가 우리를 자유롭게 할지는 모르겠지만, 진실은 때로 거북하고 불편할 수도 있다. 살다 보면 진실을 알고 싶지 않은 경우도 정말 많다. 경인선으로부터 시작된 초창기 우리의 철도사가 바로 그렇다. 곱씹어 볼수록 거북하고 불편한 이야기들이 유전(遺傳)되고 있기 때문이다.

우선, 경인선 부설을 둘러싸고 미국인 사업가 제임스 모스와 시부사와 에이이치(澁澤榮一, 1840~1931)가 독판을 치는 동안에도 우리는 그저 구경꾼이었다. 모스는 달랑 세 치의 혀 하나로 고종 28년(1891) 명예직일망정 통정대부에 오르고 조선 상무위원에 위촉된다. 여기에 근사한 기공식 퍼포먼스 한 번으로 일본 정부를 초조하게 만든 다음, 시부사와가 주도한 '경인철도 인수합병조합'에 거액을 받고 부설권을 팔아먹는다. 북 치고 장구 치고 나발까지 분 격이다.

경인철도 개통 당시 철도역은 인천·축현·우각·부평·소사·오류·노량진 등으로 모두 7개였다. 차량 보유 현황은 증기기관차 4대와 객차 6량 화차 28량 등 모두 38량이었고, 노량진−제물포 간 80리(33.2km)를 1시간 40분에 주파하였다. 나룻배와 도보 그리고 축력을 이용하여 꼬박 왕복 하루가 걸리던 먼 길을 단숨에 주파해 버리니 구경꾼들의 놀라움은 이루 말할 수 없었다. "소리는 우레 같아 천지가 진동하고 (……) 팔십 리 되는 인천을 순식간에 당도하였"다는, 개통식 다음 날《독립신문》기사는 동시대인들의 놀라움과 충격의 크기를 잘 대변한다.

그러나 경인철도 노선은 그다지 효율적이거나 합리적이지는 않았다. 가령, 우각현정거장은 미국 공사 알렌의 별장이 근동에 있어 그의 편의를 배려한 사족 같은 것이었으니, 애초부터 그들에게 '조선'은 안중에 없었음을 노선 자체가 실토하고 있는 셈이다. 이 경인선이 오늘 같은 모습을 갖춘 것은 1900년 6월 한강철교가 완공된 이후였고, 11월 12일 서대문역에서 전통식(全通式)을 거행함으로써 완성된다.

그러면 별 경제적 실익도 없는 경인선을 모스로부터 거액을 주고 사들이고 이를 발판으로 기형적인 근대 한국 철도의 원형을 만들어 낸, 시부사와 에이이치는 누구인가? 일본인들은 장남에게 한 일(一) 자, 즉 이치(いち)를 붙이는 작명 관습이 있다. 프로야구 선수 이치로(一郎)나 시부사와 역시 이치(一)가 붙은 것으로 보아 필시 장남들일 것이다.

시부사와 에이이치는 그 이름대로 일본 근대 건설의 장자, 곧 일본 자본주의의 '이치로'였다. 시부사와가 근대 일본 경제 건설에 끼친 영

경부선 철도 공사를 독려하려고 직접 공사장을 돌아보러 나선 일본의 체신대신 일행

향에 대해서는 시시콜콜 언급할 필요가 없지만, 러일전쟁에 대비하고 군사적 효용과 비용 등을 고려하여 경부선을 협궤로 부설하자는 막강한 군부의 압력에 맞서 경부철도는 대륙 철도와 연결되어야 하는 국제적 간선이란 주장을 관철시킬 정도로 그는 뚝심과 안목이 대단한 인물이었다. 그의 고집으로 경부선은 일명 스티븐슨 게이지(Stephenson Gauge)라고 하는 75파운드 1,435밀리미터 국제 표준궤를 채택한 후 전격적으로 미국 카네기 사(社)의 선로를 수입하고 곧바로 공사에 착수하여 1905년 1월 1일 개통식을 갖게 되니, 경인선으로부터 시작된 한국 철도는 대륙 공략과 경제 수탈이라는 목표 아래 동-서 축보다는 남-북의 축을 강조하는 기형적인 구조를 안고 출발하게 되었다. 군사적 목적과 식민지 경영을 목표로 건설된 철도에서 도시 간 네트워크나 당사자인 한국인들의 편의 같은 것은 애초부터 안중에 들어올 리 없었다. 우리 처지에서 보면, 경인선을 비롯한 한국 철도를 군사용으로만 검토했던 순진한 일본 합동참모본부에 비하면 시부사와는 훨씬 더 영

악하고 위험한 합리주의자였던 셈이다. 사실, 시부사와는 한국 철도사를 농단한 불청객이었을 뿐 아니라, 평양의 명물로 시인 묵객들의 정서적 거처였던 '애련당(愛蓮堂)'을 제멋대로 뜯어다가 자기 별장을 꾸미는 데 활용한 문화재 밀반출자이기도 했다.

이러한 아픔을 아는지 모르는지, 무정한 경인선은 오늘날 2천만 수도권 시민의 발이 되고 황해 네트워크의 중심축으로 성장하게 되었으니, 인간지사 그저 끝없이 유전(流轉)할 뿐인가. 🖉

비 내리는
어느
가을날의
인천역

여행의 설렘, 꼬리를 무는 상념들

여행보다 훌륭한 스승은 없다던가. 세상에 대한 깊은 이해는 물론 심신 재충전의 기회를 제공하고 추억을 덤으로 얹어주니 이보다 남는 장사가 어디 있으며, 이렇게 훌륭한 멘토가 세상에 또 어디 있으랴.

그런 여행이라면 철도와 기차를 빼놓을 수 없을 것이다. 어느 날 문득 간단히 짐을 챙겨 시동만 걸면 훌쩍 떠날 수 있는 자동차 여행은 왠지 여행이라기보다는 레저요 휴가에 더 가까울 것 같다. 여행에는 기차가 제격이며, 기차야말로 여행의 대문자이다. 몇 차례의 클릭으로 용건이 전달되는 이메일이나 모바일 문자를 편지가 아니라 메시지라 해야 하는 것처럼, 배낭을 들쳐 메고 레일 위를 달려도 보고 길을 묻는 절차를 밟는 것이 고전적인 여행의 형식일 터이기 때문이다.

날마다 1호선 전동차를 타고 다니는 사람들에게 전철은 여행이 아닌, "해가 지고 바람이 부는 것처럼 사소한" 일상이다. 그러나 불과 몇 정거장 차이인데도 전철을 타는 것이 사소한 일상이 아닌 여행처럼 느껴지는 곳이 있다. 경인선이 시작되고 끝나는 인천역. 허벅지 근육이 뻑뻑해질 만큼 계단을 오르내리거나 에스컬레이터를 타는 일 없이 광장에서 플랫폼까지 일직선으로 걸어가서 원하는 자리에 앉을 수 있는 곳. 굳이 짜장면·차이나타운·자유공원·월미도를 떠올리지 않아도 교외선의 한적함과 가벼운 고독 같은 것을 느낄 수 있는 인천역. 그곳에는 아직도 여행의 설렘 같은 것이, 여행의 아우라가 남아 있다.

인천역 북부 광장의 한국 철도 탄생역 기념 조형물

10월 초입부터 인천역에 가을비가 촉촉하게 내린다. 꼭 인천역이 아니더라도 이런 날에 플랫폼에서 기차를 기다리노라면 일본의 프로 시인 나카노 시게하루(中野重治)의 〈비 내리는 시나가와역(雨の降る品川驛, 1928)〉이 떠오른다. 긴 기적 소리와 함께 우연 속으로 떠나가는, 추방되는 조선인 동지들을 전송하는 이 저항의 서정시가 영화의 한 장면처럼 전경화하는 것은 어인 연유인가. 벌써 머리에 엷은 서리가 내려앉기 시작한 중년의 승객에게도 아직 문학청년의 열정과 낭만이 남아 있음인가.

인천역이 마주보고 있는 차이나타운과 자유공원은 본래 응봉산(鷹峯山)이었다. 개항장이 들어서면서 이 인천역과 응봉산 일대의 선린동·신포동·신흥동 등지에 중국·일본·미국·러시아·프랑스·독일 등의 지계(地界)들이 빼곡히 들어섰으며, 1888년 만국공원이 조성됐다. 엄연한 지계였음에도 이들은 제멋대로 이를 조계(租界)처럼 활용했다. 조계는 컨세션(concession)이라고 해서 외국인의 배타적 치외법권 지역이고 지계는 세틀먼트(settlement)라고 하여 매년 소정의 돈을 받고 임대해 준 지역을 말하는 것이니, 엄연히 다르다.

'각국지계'는 '만국지계'라고도 했으며, 여기에 들어선 만국공원은 당시 세관의 토목기사였던 러시아인 사바틴(A. I. S. Sabatin)이 택지를 조성하면서 공원을 만들고 그 이름을 공용정원(public garden)이라고 부른 데서 비롯했다고 한다. 그러다가 1957년 개천절 날 이승만 정부가 맥아더 동상 제막식을 갖고 공원의 이름을 다시 자유공원으로 부르면서 응봉산의 이름은 우리의 기억 속에서 더 멀어져 갔다.

응봉산은 1908년 무렵부터 한동안 오포산(午砲山)이라고도 했는데,

그것은 이곳에 대포를 설치해 놓고 12시 정각마다 공포를 쏘았기 때문이다. 시각을 알려 준다는 명분 아래 오포를 쏘았다고 하지만, 사실 매일같이 느닷없이 귀청을 울리는 대포 소리는 소음이고 짜증스러운 스트레스였다. 스트레스의 차원을 넘어서 식민지인들에게 가하는 무언의 협박이었던 것이다. 그런 전사(前史)가 있는 마당에, 비록 유보라는 단서를 달긴 했지만 최근 경찰청이 시위 진압용으로 지향성음향장비(LRAD)라는 이른바 음향대포를 도입하겠다고 예고한 터라 승객의 마음은 더욱 싱숭생숭하다. 어떤 역사 시대를 기다려야 귀의 평화와 고요의 축복이 깃들 것인가.

오포에, 사상 최대의 함포사격에, 음향대포 소식에 뿌리 깊은 역사적 상흔과 차이나타운의 이국성까지. 비 내리는 가을 오후, 온갖 역사적 기억들이 퇴적된 인천역에서 상념은 갈피없이 뻗어 나간다.

역사의 관문, 다문화 1번지

그래도 인천역 주변에서는 안이비설신의(眼耳鼻舌身意) 육근을 자극하는 작은 기쁨이 기다리고 있다. 3대째 청요리의 맥을 이어 가고 있는 대창반점과 풍미반점 등의 미각을 자극하는 전통적인 레시피들, 도원결의·적벽대전 등 『삼국지연의』의 주요 장면들을 묘사한 타일 벽화, 그동안 삶의 논리가 억압해 왔던 내 마음속의 어린아이를 일깨우는 중국 과자 월병(月餠), 그리고 특색 있는 근대 건축물들과 역사성은 놓칠 수 없는 작은 기쁨들이다. 인천역은 마치 비루한

맥아더 동상. 자유공원과 차이나타운은 알아도 응봉산이라는 이름을 기억하는 이는 드물다.

인천역과 중화가의 패루가 서로를 바라보고 있다.

현실에서 짜릿한 모험의 세계를 향해 열려 있는 런던역 9와 4분의 3
승강장 같은 판타지 게이트―곡절 많은 한국 근·현대사의 복판을 향
해 뚫린 역사의 관문이라 할 수 있다.

인천역의 랜드마크이자 역사 탐방의 관문인 패루(牌樓) '중화가'가 웅
변하듯, 이곳은 한국 화교의 정신적 거점이었다. 임오군란 때 오장경
제독과 함께 묻어 들어왔다는 화상(華商)들. 원세개와 북양대신 이홍장
의 적극적인 비호와, 1920년대까지 중계무역상으로 이름을 날린 거상
동순태의 권위에 힘입어 번창했던 '비단이 장사 왕서방들'이 바로 인천
화교의 한 기원이었던 것이다. 비록 1916년 무렵부터 조선총독부에 의
해 인천·부산·원산 등을 포함한 몇몇 지역으로 거류지가 제한되는 어

려움을 겪기도 했지만, 근본적으로 한국 화교는 상업 집단이었기 때문에 경제활동을 하는 데 큰 제약은 없었다는 것이 대체적인 중론이다. 역사적으로나 지정학적으로 이렇게 인천역 일대는 화교들의 중심지—아니 한국 국제화 1번지, 다문화 1번지가 될 수밖에 없었다.

인천역에서 낯선 곳을 찾을 때마다 설렘과 가벼운 긴장감 그리고 답사의 즐거움 같은, 이른바 여행의 아우라(Aura)를 느꼈던 것은 아마 이런 이유들 때문이었을 것이다. 숱한 역사적 사건들과 기억을 안고 있는 곳. 경인선이 시작되고 끝나는 곳. 이곳 인천역이 어두운 역사시대를 마감하는 종착역이 되고, 상생과 평화라는 위대한 역사시대를 열어 가는 시발역이 되어 주기를 조용히 축원한다.

비 내리는 가을 오후. 먼 길을 달려온 경인전철이 출발 신호음과 함께 어김없이 다시 길을 나선다.

동인천역에서
인천을
생각하다

인천의 풍수학

　　인천역과 동인천역은 쌍둥이 형제 같다. 역간 거리
도 가깝고, 인천이란 이름도 그렇고, 자유공원을 공유하고 있는 것도
그렇다. 인천역에서 차이나타운을 거쳐 자유공원으로 올라가 홍예문
을 거치거나 율목동 쪽으로 틀어 긴담모퉁이길과 기독병원을 지나면
곧바로 동인천역과 연결되니, 이 둘은 모두 응봉산 식구들인 셈이다.

　경인철도가 들어서기 이전에 인천을 규정하는 핵심 요인은 한남정
맥과 서해 바다였다. 백두대간 13정맥의 하나인 한남정맥은 안성의
칠장산에서 시작되어 서북쪽으로 내달리는 봉우리들로 느리게 이어진
야트막한 완행열차와 같다. 수원의 광교산, 의왕의 백운산, 군포의 수
리산, 시흥의 소래산과 인천의 철마산을 거쳐 부천의 계양산까지 이어
지는 용맥이 바로 인천을 구성하는 지세인 것이다. 형기론(形氣論)의
관점에서 인천도호부가 자리한 관교동은 한남정맥의 한 줄기가 우백

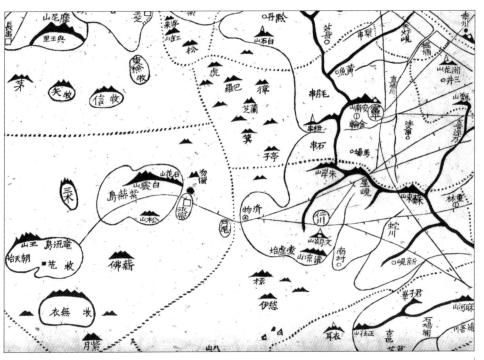

대동여지도로 본 인천. 한남정맥의 한 줄기를 등지고 문학산을 바라보고 있다.

호로 감싸고 있는 장풍국이며, 문학산은 서울의 남산 같은 안산(案山)이었다.

근대적 도시공학이나 토목공학이 없었던 시대에 풍수는 자연과학이었다. 풍수의 핵심은 바람과 물을 어떻게 다스리고 그에 적응하는가 하는 것이었거니와, 우리에게는 삶과 농경 생활에 직접적인 영향을 주는 건해풍(乾亥風)과 곤신풍(坤申風)의 피해를 어떻게 막아 내느냐가 핵심 사안이었던 것이다. 건해풍은 겨울철 시베리아에서 불어오는 차갑고 날카로운 북서풍이요, 곤신풍은 2010년 여름 인천과 수도권 일

인천도호부 청사. 마주보이는 산이 문학산이다.

대에 큰 피해를 입힌 곤파스나 2012년의 볼라벤처럼 서남쪽 바다에서
불어오는 바람폭탄, 곧 태풍을 말한다. 그러니 산을 등지고 남향으로
집을 짓고 그 앞에 방풍림의 역할을 하는 남산(안산)이 있는 것이 풍수
의 요체가 된다. 이런 점에서 양택풍수의 대원칙인 배산임수와 남향집
도 실상은 곤신풍을 막고 일조권을 확보하며 생활용수를 확보하기 위
한 방편이었으며, 풍수의 금기인 건해풍은 십이지로 보면 해자축(亥子

丑)으로 북쪽이요 오행으로는 겨울이며 물을 가리키는 것이니, 음양오
행론은 전근대 시대의 자연과학이자, 우주의 기운과 에너지 그리고 방
향과 계절 등을 아우르는 종합적 우주론이었던 것이다.

풍수가 자연과학으로서 받아들여질 수 있는 한계는 꼭 여기까지다.
그 선을 넘어 풍수를 통해 길흉화복을 이야기하는 것은, 남당(楠堂) 조
민행(趙敏行) 선생의 지적대로 '학(學)'이 아닌 '술(術)'에 지나지 않는

다. 그러므로 인천 시내의 지세를 악어가 서해 바다로 뛰어 들어가는 형국, 곧 악어출진형이라 하는 것은 과학이 아닌 비유이며, 팩트가 아닌 은유이고, 논증이 아닌 편의주의적 설명에 지나지 않는다. 그럼에도 풍수적으로 인천이 술을 좋아하는 사람이 많이 태어나고 배타적이긴 하지만, 지기 싫어하고 기상이 씩씩하여 장차 항해 네트워크를 주도하게 될 것이라는 예언만큼은 과학적 타당성을 떠나서 왠지 설득력 있게 들리며 믿고 싶은 마음도 든다.

공간 살해, 사라지는 사이의 공간

한남정맥을 진산으로 하고 문학산을 안산으로 삼는 인천의 공간 구조가 요동치고 크게 왜곡된 것은 경인철도가 등장하면서부터이다. 제물포항을 통해서 한강을 거슬러 올라가던 뱃길과 신포동에서 싸리재와 쇠뿔고개(우각리)를 거쳐 부평과 소사로 이어지던 경인가도의 영향력이 급격히 축소되고, 경제활동의 중심이 인천도호부가 있던 관교동에서 일본 조계가 있던 중앙동과 관동 그리고 청국 조계였던 선린동 쪽으로 옮겨졌다. 이렇게 각국의 조계가 들어서고 경인선이 개통되자 인천 사람들은 조계의 변두리 지역인 북성동과 만석동 일대로 밀려나게 되었으며, 동인천역 맞은편 역세권인 용동에서 도원역에 이르는 구간에 청과물 시장이 새롭게 들어서 상권을 이루었으니 여기가 바로 채미전거리(참외전거리)다. 채미전거리는 한때 크게 번창하여 전국적인 상권을 자랑했는데, 이제는 대형 마트들에 밀려 몇몇

청과물 가게들만이 그 명맥을 이어 가고 있으니, 도시와 시장도 우리처럼 성주괴공(成住壞空)을 되풀이하며 생로병사를 겪는 것인가.

근대 문명의 총아인 철도는 놀라운 속도와 정확성으로 세상을 바꾸어 버렸다. 지역 간의 차이를 크게 약화시키고 근대인들의 시간과 공간에 대한 인식과 감각을 변화시켰는가 하면, 상거래와 물류를 획기적으로 개선하여 자본주의 발전을 더욱 가속화하였다. 철도의 노선은 공간의 지배권 내지 자국 영토의 상징이 되었고, 따라서 철도 부설권 획득은 토목 프로젝트 차원의 의미를 넘어서는 정치경제적 사건이 되는 것이다.

1900년 무렵의 제물포. 철도의 도입은 작은 포구 제물포를 근대도시 인천으로 바꾸어 놓았다.
(사진 제공: 인천 화도진도서관)

동인천역. 전통적 공간의 정체성을 잃어버리고 편의적인 이름으로 바뀌고 말았다.

경인철도 역시 공간의 축소와 시간의 단축을 가져왔을 뿐 아니라, 수
도권을 정거장으로 이루어진 세계로 재편하였다. 기러기가 군무를 펼치
고 갈대가 바람의 소식을 전하던 작은 포구 제물포는 사라지고 한국 최
초의 근대도시, 국제도시 인천이 탄생하였다. 돛배가 경강을 한가로이
오가고 보부상들이 등짐을 지고 땀을 뻘뻘 흘리며 홍타령으로 넘어가던
목가적 경인가도는 종언을 고하고, 정확하고 합리적인 기계가 지배하는
세상이 찾아온 것이다. 전통적인 여행과 모험은 사라지고, 관광과 통근
과 통학만이 남아 있는 차가운 문명의 시대를 만들어 낸 것이다.

철도는 도시와 도시를 잇는 위대한 네트워크지만, 다른 길과 공존을

허락하지 않는 배타적 문물이기도 하다. 철도가 등장하는 순간, 도시는 완벽하게 양단되는 운명을 맞이하게 된다. 양편으로 갈라진 도시가 소통할 수 있는 길은 고가와 육교로 공중부양을 하거나 땅속을 뚫고 통행하는 방법뿐이다. 시인 하이네(H. Heine)는 이를 "공간 살해"라고 표현했다. 요컨대, 하이네의 말대로 출발지와 목적지만이 의미를 가질 뿐 사이의 공간들은 사라지는, 즉 제물포의 파도가 숭례문 앞에서 부서지는 공간의 단축으로 개별 공간들의 아우라가 완벽하게 소멸되는 지각의 혼돈과 함께 서울 집중화가 더욱더 촉진되는 결과를 가져왔던 것이다.

경인철도의 등장과 함께 이제 전통적 공간으로서의 싸리재는 사라지고 축현역(杻峴驛)이란 이름으로 대치되었다. 아니, 개별 공간으로서의 정체성은 사라지고 편의적이고 자의적인 공간명인 상인천역과 동인천역으로 창씨개명을 당하게 된 것이다. 인천의 동쪽이 아니면서도 '동인천역'으로 호명되면서 전동·내동·용동·경동·인현동의 정체성과 역사도 자연스레 동인천의 역세권에 흡수되고 말았으니, 동인천역에 오면 자꾸 인천을 생각하게 된다. 📝

보들레르,
전강
그리고
주안역

주안이라는 이름

　　풍경이 폭발하고 있다. 동인천행 급행열차의 출입문
이 열리자 사방에서 꽃망울 터지듯 인파가 쏟아진다. 마음도 조급한
오전 출근 시간. 수많은 잰걸음들이 만들어 내는 스텝들의 요란한 합
주와 형형색색의 의상들이 빚어내는 현란한 콜라주가 플랫폼을 물들
인다. 휴대전화를 꺼내 수시로 시간을 확인하며 발걸음을 재촉해 보지
만, 보폭과 걷는 속도는 군중에 의해 결정된다. 각종 소음과 통행으로
요동치는 시지각적(視知覺的) 복잡함은 더욱 증폭된다. 언제나 어디서
나 반복되는 대도시 아침의 풍경 혹은 군무. 여기는 경인전철의 거점
인천광역시 남구 주안역이다.

　19세기 중반. 인류가 이제까지 경험해 보지 못했던 거대도시 문명의
출현을 한 발 비켜서 비뚤름하게 바라보는 창백한 관찰자가 있었다.

일명 '파리의 고독한 산책자' 보들레르(C. P. Baudelaire, 1821~1867).
그는 근대도시 파리를 떠도는 다양한 인간 군상과 일상 그리고 이미지
들을 채집하여 두툼한 관찰기로 묶어 낸다. 거대한 군중과 도시적 일
상의 출현을 노래한 『악의 꽃』과 산문시집 『파리의 우울』이 바로 그것.
그 보들레르가 출근길 인파의 물결로 넘치는 러시아워의 주안역 풍경
을 본다면 어떤 표정을 지을까.

　1961년. 주안이 아직 염전이었을 때 기린산 주안신사에 주장자를 꽂
은 벽안의 선지식이 있었다. 33세의 나이에 불보종찰 통도사 조실로

『파리의 우울』. 보들레르는 거대한 군중과
도시적 일상의 출현을 노래했다.

추대된 전강(田岡, 1898~1975). 열반의 순간 구구단을 외고 좌탈입망했다는 이 무애의 자유인은 바쁜 발걸음을 재촉하는 경인선 승객들에게 어떤 방할(棒喝)을 내릴 것인가.

20세기 초엽. 경인선이 막 개통됐던 시절. 주안은 우각역(도원역)과 부평역 사이에 낀 염전 지대였다. 그건 그렇다 치고, 생각할수록 지명이 조금 이상하다. 주안(朱安)? '붉은 편안함'이라니? 자고로 동서고금을 막론하고 지명에는 사연과 유래가 담겨 있는 법. 그런데 주안이라는 이름은 아무리 생각해 봐도 답이 나오지 않는다. 찜질방에서 같은 유니폼을 입은 사람들 틈바구니에서 집사람 찾기처럼 난감하다.

기실 우리의 지명 작법은 매우 단순하다. 가장 흔한 방식은 꼴 따라, 또는 사연 따라 이름을 붙이는 것이다. 조금 난이도가 있는 것은 고유명사를 한자음을 빌려 표기하는 음차법과 한자의 훈을 빌려 와 적는 훈차법 정도이다. 가령, 인천의 옛 이름인 미추홀(彌鄒忽)은 물을 뜻하는 고어 '미', 사이시옷 같은 사잇소리로 추정되는 '추', 그리고 성(城)이나 고을을 의미하는 '홀'을 조합한 음차이고, 동인천역의 본이름인 축현(杻峴)은 '싸리재'의 훈차인 것이다.

이훈익의 『인천지명고』와 이희환의 『인천아, 너는 엇더한 도시?』에 따르면 주안은 인천부 다소면 충훈부의 사미 마을이었으며, 석바위 뒷산의 흙 색이 붉고 산세가 기러기가 내려앉는 모양 같아서 주안산(朱雁山)이라 불렀다고 한다. 현재의 주안(朱安)은 여기서 파생된 것이다.

주안은 본래 간석동과 십정동 일대를 가리키던 지리명사였다. 그런데 경인철도가 들어서면서 간석리에 말을 관리하던 '주안역'이 없어지고, 소금을 실어 나르기 위해 현재의 자리에 기차역이 생기자 이를 주안역이라 했다는 것이다. 이와 같이 아무런 상관이 없던 지역의 이름을 다른 지명으로 대체하는 또 다른 사례를 제물포역에서 찾을 수 있다. 현재 제물포역의 본래 이름은 숭의역이었는데, 1963년경 바다와는 아무런 상관 없는 경인철도 숭의역 이름을 제물포역으로 부르는 지명 차용이 일어난 것이다. 과거의 역사적 전통을 어떤 형식으로든 계승하고 지켜 나가겠다는 취지는 좋았지만, 불필요한 오해와 혼란이 불가피해지고 말았다.

염전과 기계적 도시인의 삶

평범한 갯가 주안이 뜨기 시작한 것은 한국 최초의 천일염전(天日鹽田)이 들어선 1907년 무렵부터였다. 그 이전에 한국의 전통적인 소금 제조법은 '전오법(煎熬法)'이라 하여 바닷물을 농축하여 함수로 만든 다음, 이를 옹기나 솥에 넣고 가열하는 방식이었다. 이런 방식은 소금의 품질은 좋으나 생산력이 떨어져 값싼 중국 소금과

초창기 주안 염전의 모습이 담긴 사진엽서(부평역사박물관 소장)

경쟁이 되지 않았다. 1927년 조선척식자료조사회에서 펴낸 『조선철도
연선요람』을 보면, 주안역과 그 일대의 현황이 다음과 같이 소개되고
있다.

    역은 인천항에서 동북으로 일 마일 반(半)의 거리를 두고 있고, 경
    인가도에서 염전에 이르는 도로에 붙어 있으며, 동남에는 기복이 심
    한 구릉이 있고 서북에 있는 염전은 관제 천일염의 산지로 유명하
    다. 이 일대는 (……) 토질이 비옥해서 농작에 적합하고, 인천항 근

처에 있기 때문에 비료 공급이 편리하다. 과일류, 채소 재배가 성행하고 있는 까닭에 많은 양이 인천항에서 선적되고 있으며, 일부는 철도를 통해서 경성으로 수송된다. 주요 화물은 소금으로 대전 630톤·영동 510톤·김천 330톤·옥천 360톤·조치원 272톤 등을 보내며, 그에 버금가는 것이 야채·곡류·과일 등으로 경성으로 발송되고 있다.

그들에게 주안은 아름다운 선비가 살던 마을인 사미(士美)도, 기러기가 앉아 있는 아름다운 붉은 산(朱雁)도 아니고, 그저 일본 제국주의 질서를 뒷받침하는 생산기지이자 물류 수송의 한 거점이었을 뿐이다. 그러니 앞의 인용문에서 보듯, 주안이 철저하게 경제적 관점에서 묘사되고 있는 것은 당연지사일 터이다.

지나친 견강부회일지 모르겠지만, 매일 주안역을 오가는 통근자들과 소금은 아주 밀접한 관계가 있다. 월급쟁이들을 점잖게 샐러리맨(salary man)이라고도 하거니와, 사실 이 말은 옛날 로마에서 병사들의 봉급으로 소금(salt)을 지급한 데서 유래한 것이다.

그러고 보니 샐러리맨이란 말의 원조인 이 소금 산지의 이용객들이 대부분 직장인과 미래의 직장인인 인하대 학생들인 것도 조금은 공교롭게 느껴진다. 눈코 뜰 새 없이 바쁘게 돌아가는 기계적인 도시인들의 삶과 일상을 날카롭게 관찰한 보들레르. 프랑스 현대시의 아버지로 추앙받는 그 보들레르의 영정을 법당에 모셨다는 전강 선사의 파격은 그래서 더욱 신선하고 경이롭다. 아무리 오온(五蘊)이 시끌벅적한 바

주안에 있는 용화사 경내의 전강 선사 부도탑

뻔 삶이라고는 하지만, 주안역을 들를 때 가끔은 전강 선사와 보들레
르를 떠올리며 마음의 여유를 가져 볼 일이다. 할!

기차,
자동차를
만나다/만들다
─부평역

한국 자동차 산업의 발상지

기차와 자동차는 여러 면에서 곧잘 대비되곤 한다. 교통의 한일전이라고 할까. 철도가 증기를 바탕으로 한 석탄 문명의 총아였다면, 자동차는 내연기관을 바탕으로 한 석유 문명의 결정체다. 기차가 하드웨어와 역사성과 안정감에서 앞선다면, 자동차는 소프트웨어와 유연성과 편리성에서 기차를 추월한다. 자동차가 기차를 따돌리고 앞서 가는가 했더니, 곧이어 고속전철과 자기부상열차가 등장하여 자동차를 맹렬히 추격한다. 철도와 자동차는 이렇게 드라마틱한 경쟁 관계를 이루면서 현대 문명의 발〔足〕로 그 역할을 다해 왔다.

부평은 이런 곳이다. 기차의 도시요 자동차의 도시라는 것─즉, 한국 자동차 산업의 발상지이자, 인천 지하철과 교차하는 경인선의 결절점이다.

기차의 등장으로 이룩된 근대 공업 도시 부평이 석유 문명의 결정체인 자동차 산업의 산실이 되었다는 것은 재미있는 아이러니다. 첫 번째 국산 자동차인 시발자동차의 뒤를 이어 현대적인 생산 라인을 바탕으로 만들어진 첫 번째 승용차인 새나라가 출시된 곳이 바로 부평이다. 비록 설립 1년 만인 1963년에 문을 닫았지만, 부평은 새나라자동차에서 신진·GM코리아·새한·GM대우로 이어지는 한국 자동차 산업의 발상지라는 역사를 열었다.

　세상만사 얽히고설켜 돌아가듯, 결과가 좋다고 해서 기원이 아름다운 것은 아니다. 위대한 삶을 살다 간 문인이라고 해서 작품도 저절로 위대해지는 것이 아니듯이. 부평이 근대 공업 내지 자동차 산업의 원조가 된 역사는 그리 탐탁하지 않다. 서울과 인천의 사이에 놓인 요충지라는 지정학적 특성에 주목한 일제가 부평을 대륙 침략을 위한 병참 기지로, 군사 산업 도시로 만들어 냈기 때문이다. 1939년에 설립된 일본 육군 조병창이 바로 그러하다. 오늘날 부평1동의 아파트 단지와 산곡동의 미군 부대 그리고 화랑농장 일대가 바로 조병창이었다.

　그리고 조병창보다 꼭 2년 앞선 1937년에 이미 일본의 군용차 생산을 위한 자동차 조립 공장도 들어서 있었다. 이를 계기로 초창기 한국 자동차 산업의 기원이라 할 수 있는 경성모터스·중앙모터스·대동모터스 등 자동차 서비스 공장이 부평에 들어서게 된다. 이런 역사적 배경을 안고 부평은 자동차의 도시로 도약한다.

　재생 승용차 신성호로 주목받은 신진은 새나라자동차를 인수한 다음, 1965년 5월 토요타와 기술제휴를 하고 부평 공장에서 조립 생산

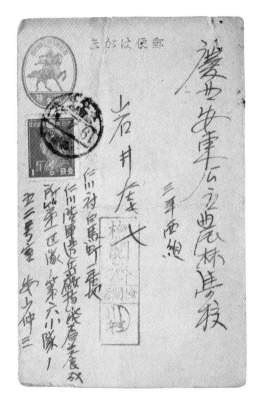

일본 육군 조병창에 복무하던 한 병사가 쓴 쇼와 19년(1944)의 우편엽서(부평역사박물관 소장)

한 자동차를 내보내니 그것이 바로 코로나다. 코로나의 영광은 5년을 넘지 못했다. 기술제휴사인 토요타가 계약 연장에 동의하지 않았던 것이다.

그러나 코로나로 인해 승용차에 대한 대중적 관심은 매우 높아졌다. 이후, 크라운·퍼블리카·코티나·시보레·브리사 등 상류층을 주요 고객으로 신차 개발의 퍼레이드가 펼쳐졌고, 고도성장에 힘입어 곧이어

1976년에 지엠코리아에서 출시한 레코드 로알(위) 〔부평역사박물관 소장〕
톱 탤런트 선우용녀 씨가 모델로 등장하는 신진자동차 광고지(아래) 〔부평역사박물관 소장〕

마이카 시대가 열리게 된 것이다. 세월이 흘러 일본군이 물러가고 미군 기지가 들어섰어도, 또 자동차 산업의 질주가 지속됐어도, 경인선은 책임감 하나로 묵묵히 가족들을 건사해 왔던 우리 시대의 아버지들처럼 시민들의 발로서 자기 소임을 다하며 쉼 없이 달려 왔다.

네 단어로 요약되는 격동의 부평사

경인선의 네 번째 정차역 부평. 격동의 부평사 역시 단 네 단어로 요약된다. 조병창·자동차·경인공단·푸른색 작업복! 1980년대 초 노동 현장을 누볐던 이세기(1961~) 시인은, 조병창으로 시작해서 자동차 산업과 경인산업단지로 발전해 온 현대사는 잘 알려져 있지만 부평이 블루진의 도시, 즉 작업복으로 개발한 푸른색 기성복의 발상지라는 사실은 아직도 잘 알려지지 않은 것 같아 안타깝다고 말한다. 진짜 한국식 청바지인 푸른색 작업복과 가난한 노동자들의 살림살이의 상징인 간이옷장 차단스(チャーダンス)야말로 거침없이 질주해 왔던 지난 개발 시대의 표상이며, 어쩌면 가장 부평다운 인간의 문화요 부평의 문화였노라고 힘주어 강조한다.

그의 말대로 부평은 단지 인천의 종속사가 아닌 독자적인 지역사를 이어 오고 있다. 부평은 인천광역시에 속해 있으나 경인전철의 거점이 되는 환승역이 있을 만큼 중요한 곳이며 유구한 역사가 전해 내려온다. 일제강점기에 부천군과 인천부로 분할되는 변동을 겪었으나, 원래 부평은 왕이나 부족장처럼 높은 사람이 사는 땅이라는 뜻을 지닌 주부

토군(主夫吐郡)이었다. 고려 시대에는 안남도호부가, 조선 시대에는 부평도호부가 들어섰을 만큼 규모도 컸다. 부평도호부 청사·어사대·욕은지의 존재는 그러한 부평의 위상을 잘 보여 주는 역사 유적이다.

부평의 위상에 변화가 생긴 것은 경인선이 부설되면서이다. 한국 근대도시들은 철도의 등장에 따라 극심한 부침을 겪는다. 한밭(대전)이라는 소지명(마을 이름)으로 통칭되던 작은 자연부락이 경부선 역이 건설되면서 광역시급의 대지명으로 발달하는가 하면, 대전(한밭)을 거느렸던 회덕군이 점점 쇠퇴하여 오히려 동으로 대전에 편입되는 경우도 있다. 심지어는 행정구역이 통폐합되면서 두세 개의 지명이 절취, 조합되어 새로운 지명으로 소멸 혹은 확장되기도 한다. 강릉과 원주의 머리글자를 딴 강원도, 전주와 나주의 전라도, 청주와 충주의 충청도, 경주와 상주의 경상도 등등이 그러하다. 부평은 중지명이었다가 소지명으로, 다시 중지명으로 역사를 이어 왔던 것이다.

한국 중세도시의 구성 원리였던 좌묘우사(左廟右社)·배산임수 등을 굳이 들먹거리지 않아도 부평의 진산(鎭山)인 계양산의 존재는 이 도시의 위상을 잘 보여 준다. 진산이란 각 고을이나 도읍의 거처가 되는 주산을 말하며, 대개 이런 곳에는 산성이 들어서게 마련이다. 우리 민족은 예로부터 주요 거점들에 산성을 쌓고서 적군의 공격력을 분산시키고 예봉을 약화시키는 농성전, 이른바 종심방어(縱深防禦)를 주요 전략으로 채택해 왔다. 이곳에 산성이 들어선 것은 한강과 굴포천을 통해서 자주 침탈해 왔던 왜구들을 방어하기 위해서였다고 한다. 특히, 경기만을 거쳐 서울로 가는 거점에 자리하고 있으니, 부평은 매우 중

인천 지하철과 교차하는 경인선의 결절점, 부평역

요한 전략적 요충이었던 것이다. 인천 상륙작전 이후에 발발한 원통이 고개 전투는 부평의 위상과 지정학을 대변하는 비극적인 사건이다. 이제는 부평(富平)이란 그 이름 그대로 영원히 복되고 평화롭기를! 🖊

경인선의
아인스월드,
부천

도시 공간이라는 캔버스 위를 질주하는 페인터

신은 자연을 만들고 인간은 도시를 만들었다던가. 복숭아의 도시(桃市) 소사를 현대 도시(都市) 부천으로 만든 것은 8할이 철도이다. 영국의 시인 윌리엄 쿠퍼(William Cowper, 1731~1800)의 말대로 부천은 인간이 만든 인공의 도시—경인선의 아인스월드이다.

도시는 삶의 터전이며, 삶의 예술이다. 그리고 이 예술은 아직 완성되지 않은 진행형의 작품이다. 이탈리아 출신의 시인이자 영화 평론가였던 리치오토 카누도(Ricciotto Canudo)는 영화를 제7의 예술로 선언하면서 연극-회화-무용-건축-문학-음악의 순서로 예술의 목록을 제시한 바 있다. 최근에는 사진-만화-게임이 이 대열에 합류하여 모두 열 개의 장르가 예술의 반열에 올랐다.

예술의 개념과 목록이 이러하다면, 도시야말로 예술 가운데서 가장 상위의 창작물이며 종합예술일지도 모른다. 오랜 세월 동안 인간의 삶

부천은 철도를 중심으로 남과 북으로 나뉘어 발달했다.

이 모여 만든 가장 리얼한 공동의 예술. 이 속에는 지난날의 역사 유적
과 삶의 흔적들 그리고 앞으로 살아가야 할 미래의 꿈까지 담겨 있기
때문이다.

　지난 2006년에 발표된 UN 인구전망보고서에 따르면, 세계 인류의
절반 이상이 도시에 거주하고 있다고 한다. 우리의 경우에는 세계 평
균을 한참 웃도는 전체 인구의 81%가 도시에 살고 있으니, 우리에게

는 도시야말로 최고의 생활예술이며 거대한 삶의 기록이라 할 수 있다. 동시대의 거의 모든 사람들이 살고 있는, 또는 가장 근대적인 삶의 방식인 도시. 이제 우리는 산기슭에서 태어나 산기슭으로 돌아가 묻히는 것이 아니라 도시에서 태어나 도시에서 영면하는 새로운 생의 주기를 갖게 되었다. 이 같은 근대도시의 형성과 발전에 끼친 철도의 영향은 실로 압도적이다. 시간과 공간의 개념을 바꾼 것은 물론이고 진정한 의미에서 도시 간 네트워크와 교류를 가능하게 했으니, 철도는 도시화와 근대화의 엔진이었으며, 도시 공간이라는 캔버스 위를 질주하는 페인터였던 셈이다. 그러니 안남도호부에 속했던 복사꽃 피는 마을 소사가 일약 수도권 대표 도시의 하나인 부천으로 성장할 수 있었던 동인이 철도라는 데 별다른 이의를 제기할 수는 없을 것 같다.

부천은 경인전철을 중심으로 남쪽과 북쪽으로 분할되어 발달한 도시이다. 에어플레인 앵글, 곧 항공기의 시점에서 조감해 보면 부천은 부천역을 기준으로 남-북의 축으로 이루어져 있으며, 남쪽과 북쪽의 시가지는 다시 서울외곽순환도로와 39번 국도로 인해 동-서의 축으로 나뉘어 도시가 형성되었으니, 이 같은 도시의 밑그림을 그려 낸 당사자가 바로 철도임을 어렵지 않게 간파할 수 있다.

지명에 담긴 역사

이와 같이 부천은 철도가 만들어 낸 인공의 도시이다. 아니, 도시 이름 자체가 인위적이었다. 원래 개항 때까지 부천은 족보에도 없던 이름이었다. 1899년 경인선 개통 당시에도 부천은 그 저 인천·축현·우각·부평 다음의 다섯 번째 정거장인 소사역으로 존 재하던 부재의 지명이었다.

대한제국 시대의 부천은 인천과 부평에 속해 있었으며, 이곳이 부천 군으로 불리기 시작한 것은 1914년 대대적인 행정 개편이 진행되면서 부터이다. 지명을 제정하는 흔한 방법 중 하나는 A 지명과 B 지명을 결합하여 지명 AB를 만드는 것인데, 이로 미루어 보면 부천은 부평과 인천 혹은 부평과 굴포천의 글자를 하나씩 차용한 AB형 지명으로 생 각된다. 그러다가 1931년을 기점으로 소사면과 소사읍의 시대를 거쳤 고, 1963년 무렵 오류동·개봉동·고척동·온수동 등이 서울로 편입되 는 변화를 겪는다.

부천이 수도권의 주요 도시로 가파른 성장세를 지속한 것은 하루가 다르게 인구가 증가했기 때문이다. 인구가 이렇게 부쩍부쩍 는 것은 고도성장의 바람을 타고 복숭아밭 위로 공장들이 들어서고, 또한 서울 과 가까우면서도 우리 시대 서민들의 영원한 비원이며 로망인 '내 집' 마련의 꿈을 이루기가 서울보다 수월했기 때문이다. 그리고 부천의 성 장은 1965년 9월 18일 경인선 복선화를 시작으로 절정을 맞게 되거니 와, 1974년 8월 15일에 개통된 수도권 전철 1호선의 등장 등과 정확 하게 비례하고 있다. 그리고 1981년 무렵부터 이런 변화는 더욱 가속 화하여 부천역을 중심으로 소사 및 역곡역도 통근자들로 넘쳐나기 시 작했던 것이다.

그건 그렇고, 부천은 어떻게 해서 복숭아밭 소사가 아닌 대도시 부천이 될 수 있었는가? 부평의 속지였던 부천이 중요 지역으로 부상한 것은 1908년 이곳 소사에 대규모 복숭아밭이 조성되고, 김포평야에서 생산된 쌀을 실어 나르게 되면서부터이다. 이런 식민지 경제 논리에 의해 세워진 작은 목조건물 역사(驛舍)가 역사(歷史)를 만들어 낸 것이다. 전라북도 '솝리' 이리가 어감 때문에 익산이 된 것처럼, 소사란 단어는 과부[召史]·학교 사환[小使] 등과 소리가 같아 도시 지명으로 삼기에는 아무래도 부담스러운 면이 있었던 것이다. 이와 같이 우리의 도시 지명 변천과 경인선의 발전 과정 속에는 한국 근대사의 변화와

복숭아의 도시 소사는 이제 매년 4월 춘덕산 복숭아밭에서 열리는 복숭아꽃 축제로 남았다.(사진: 부천시청)

한국만화박물관의 '땡이네 만화 가게'(사진 제공: 한국만화박물관)

기억이 고스란히 담겨 있다.

　사람이 사는 도시가 다 그렇듯, 부천 역시 인간 냄새가 물씬 풍기는 문학작품같이 드라마틱한 역사를 가지고 있다. 할미산 기슭의 특수한 종교 마을 신앙촌을 비롯하여, 바커스의 후예요 한국 문학의 삼주선 (三酒仙)으로 꼽히던 오상순·염상섭·이관구 등과 함께 명정사(酩酊史)

를 장식한 「논개」의 시인 수주 변영로(1898~1961), 그리고 부천의 자랑인 인공의 모형 도시 아인스월드, 한국만화박물관(한국만화영상진흥원)과 부천 국제 판타스틱 영화제 등 대중적 열광과 전설적 주당들의 신화적 이야기가 부천사의 동서남북을 교차하고 있다.

참! 말이 나온 김에 같은 술 주 자라도 삼수가 붙은 주(酒)는 발효주, 그리고 마디촌이 붙은 주(酎)는 증류주를 가리킨다는 상식 정도는 알아야 할 것이고, 전설적인 필독 알코올릭 에세이 변영로의 『명정 40년』과 양주동의 『문주반생기』 정도는 꼭 챙겨 읽는 것이 술에 대한 예의가 될 수도 있겠다. 깊어 가는 계절. 퇴근길에 부천역 근방에서 반가운 이들을 만나 상사들 뒷담화나 하고 너절한 정치 얘기로 시간을 죽이지 말고, 때로는 앞선 신화적 주당들의 갈지자 에세이를 읽으며 술의 참맛과 멋을 느껴 보는 것은 어떠한지.

오류동역
단상

경인가도 시대의 휴식처

한국문화 속에서 오류(梧柳)는 삶의 쉼표와 같은 것
이었다. 표주박에 버드나무의 잎을 동동 띄워 나그네의 갈증을 풀어
주던 설화 속의 댕기머리 처녀와 어린 딸의 혼수를 위해 오동나무를
심던 아비들의 깊은 속정의 표상인 오류는 오랫동안 우리식 풍류와 고
운 심성을 대변해 왔다. 전래의 이야기와 설화 속에 유독 오동나무와
버드나무가 많이 등장하는 것은 이런 이유에서이다.

경인선이 등장하기 이전의 경인가도 시대, 오류동은 서울 진입을 앞
두고 우마를 세우고 휴식을 취하면서 요기도 하던 쉼터였다. 경인선이
등장한 이후에도 이런 관행은 계속 이어졌을 것이다. 이쯤 해서 기관
사는 과열된 엔진과 냉각수를 점검해야 했을 것이고, 책벌레 통학생들
도 이제는 보던 책을 덮고 창밖이라도 보며 머리를 식혔을 것이다. 서
울이 가시권에 들어왔으나 앞으로도 영등포와 노량진을 거쳐 한강철
교를 건너야 한다. 많이 달려오기도 했지만 갈 길이 아직은, 멀다.

그런 오류동역이지만, 이야깃거리가 늘 궁색한 스토리텔러에게 경인선의 여섯 번째 정거장 오류동역은 그냥 지나치고 싶은 정차역이다. 서너 줄의 문장으로 역사의 페이지를 다 채울 수 있을 만큼 이야기가 가난한 곳의 하나이기 때문이다. 축력과 도보를 이용하던 경인가도 시대. 장죽 물고 버드나무에 기대어, 또는 주막거리에서 장국에 막걸리 한잔 걸치며 많은 이야기를 나누었겠으나, 그저 스치고 지나갈 뿐 머물지 않는 바람처럼 정작 전해지는 이야기는 별로 없는 빈손이다. 오류역은 이야기들을 저장하고 쌓는 곳이 아니라 교환되고 흘러가는 곳이었기 때문이다.

경인가도 시대에 오류동은 잠시 지친 몸을 추스르고 허기도 채우던 휴식의 공간이요 중간 기착지였다. 임오군란 때 청으로 납치되었던 대원군도 머물렀다는 오류2동 경인로의 주막거리 객사가 바로 그 증거이다. 경부선이 지나는 수원과 오산 사이에 자리 잡은 떡점거리 병점(餅店)이 점심 및 요깃거리로 떡을 판 데서 유래한 중간 기착지

주막거리는 이제 주막거리가 아니고,
표지석만 건물 한 귀퉁이에 있는 듯 없는 듯 숨어 있다.

였듯이 오류동 역시 잠시 쉬어 가던 휴게소였으며, 상인과 나그네들이 모여 물건 값도 묻고 세상 돌아가는 이야기도 나누던 정보 네트워크의 공간이자 경인가도 시대의 홍익매점 같은 곳이었다.

그런 오류에 기차역이 들어선 데에는 이 같은 지역적 특성과 함께 참외의 집산지였다는 경제적 이유가 크게 작용했다. 옛날부터 경기 지역 촌락들은 저마다 특성을 가지고 그 산물들을 교환하는 거대한 지역 네트워크를 이루고 있었는바, 오류동 참외는 소사(부천) 복숭아·시흥 수박·성환 배 등과 함께 유명한 지역 특산물이었다. 그러니까 오류동 역이 들어선 것은 이곳이 전통적 교통로였던 경인가도의 중간 기착지였고, 경인 지역을 대표하는 참외 산지라는 지역 경제의 특성이 고려되었기 때문이다.

영시, 로맨스, 추리소설

그러면 경인가도 시대의 이야기와 경인선 철도 시대의 이야기는 어떻게 달라졌을까. 고일의 『인천석금』에는 이런 흥미로운 이야기가 전해진다. "겨울철 컴컴할 때 첫차를 타면 무럭무럭 나는 스팀과 밝은 전등이 학생들을 위로해 주었다. 또 봄날이 오면 교차되는 오류동에 만개한 벚꽃이 공부에 시달리던 뇌수를 기쁘게 만들었다. 이른 여름과 가을에는 축현역 연못가의 아카시아 숲에서 영시(英詩)를 암송하는 취미도 기차 통학생이 아니면 맛볼 수 없었다." 기차 통학은 힘들긴 했지만 그 나름의 낭만이 있었다는 것인데, 기차가 오류동역쯤에 당도하면 학생들은 지각 걱정에서 한시름 놓고 오류역의 벚꽃을 보면서 이야기의 물꼬도 트고 조심스레 로맨스를 꽃피우기도 했을 것이다. 향토사가들은 이때의 경인선 로맨스로 인천양조 최병순 사장의 외동딸 최정순 씨와 임영균 씨, 그리고 미스 통학생으로 꼽히던 함진수 씨와 내리교회 목사님의 자제 홍은균 씨의 이야기를 첫손에 꼽는다.

경인선은 한국 최초의 추리소설 『쌍옥적』의 공간적 배경이기도 하였다.

영시와 로맨스 다음으로 통학생들의 으뜸가는 화제는 단연 추리소설이었을 것이다. 추리소설이야말로 흥미진진한 모험담과 짜릿한 로맨스 등과 함께 가장 대표적인 철도 문학, 이른바 가장 대중적인 레일로드 스토리이기 때문이다. 실제로 한국 추리소설은 경인선과 인연이 깊다. 한국 최초의 철도인 경인선은 한국 최초의 추리소설인 이해조의 『쌍옥적』(1908)의 배경이었기 때문이다.

김 주사가 친교를 듣고 윤선 출발하는 시간에 맞춰 인천을 통해 목포로 내려갔다. (……) 새벽 배로 되돌아오니 그 비밀스런 내용을 알 사람은 쥐도 개도 없을 듯하더라. 김 주사가 인천항에서 배를 내려 경인철도로 막차를 타고 남대문밖 정거장에 당도하여 여러 승객이 분분히 내려가는데(……)

김 주사가 화륜선과 경인선을 이용하여 서울-인천-목포를 다녀오는

『쌍옥적』의 한 장면이다. 짤막한 대목이지만, 당시의 교통망이 어떠했는지를 짐작할 수 있는 흥미로운 구절이다. 개통된 지 10년이 채 지나지 않아 경인선은 신소설에 등장할 만큼 중요한 교통수단이 되어 있었던 것이다.

알다시피 추리소설은 증기 문명과 합리주의가 고도로 발달한 19세기 중반 선진 자본주의 문화의 산물이다. 이성의 힘으로 세계를 해석하고 설명할 수 있다는 부르주아들의 자신감, 그리고 신문·철도·전신같이 사건과 사건, 사건과 독자 사이를 연결하는 네트워크가 있어야 성립될 수 있는 장르이기 때문이다.

세계 최초의 추리소설인 에드거 앨런 포(Edgar Allen Poe, 1809~1849)의 「모르그가의 살인 사건」(1841)에서도 미스터리한 범죄를 알려 주는 것은 신문이며, 코넌 도일(A. Conan Doyle, 1859~1930)의 '셜록 홈스 시리즈'에서도 범죄에 대한 조사와 추적은 철도에 의해서 이루어진다. 경인선에서 발생한 희대의 범죄를 추적하고 해결하는 정탐소설 『쌍옥적』에서 탐정의 역할을 하는 순검들은 갑오개혁 이후에 등장한 근대적 경찰의 맹아로, 경무청 소속의 관리들이다. 이와 같이 경인선은 도시 공간과 일상생활 문화를 바꾸었을 뿐 아니라 로맨스의 터전이었고, 한국 근대 추리소설 같은 장르문학의 산실이기도 했던 것이다.

그러나 지금의 경인선에서 이 같은 낭만적 그림은 이제 없다. 그저 음악을 들으며 졸거나 스마트폰을 가지고 채팅을 하거나 게임에 열중하는 엄지족(thumb tribe)과 메트로(metro)형 히키코모리(引きこもり)들이 대세를 이루는 사막의 풍경을 목격하게 될 뿐이다.

영등포역에서
문화를
생각하다

한국 근현대사의 디스플레이어

　　　　　철도는 근대가 만든 최고의 발명품 가운데 하나다. 철도야말로 근대문명의 표상이자 미디어이기 때문이다. 미디어는 메시지나 정보를 전달하는 커뮤니케이션의 수단일 뿐 아니라 인간의 신체와 감각 기관을 확장하고 사회를 변화시키는 기술들을 가리킨다. 옷과 안경이 피부와 눈의 확장이라면, 철도와 책은 발과 사고의 확장이다.

　미디어는 정보의 밀도와 참여도에 따라 쿨 미디어와 핫 미디어로 나뉘는데, 안경이 핫 미디어라면 선글라스는 쿨 미디어다. 예를 들어 안경 쓴 여성보다 선글라스를 낀 여성이 남성의 시선을 더 끄는 이유는 주어지는 정보의 양이 적기 때문에 남성으로 하여 모든 감각을 총동원하고 상상력을 통해서 상대의 외모와 전모를 파악하도록 유도하기 때문이다. 이렇게 미디어는 인간의 감각과 인식에 영향을 주면서 인간관계와 사회제도를 변모시키기도 한다. 요컨대, 인쇄술의 등장이 근대인들의 시각적·논리적 사고의 발달을 가져왔으며, 민족주의와 산업주의로까지 연결되고 있다는 것이다.

철도의 등장은 실로 어마어마한 미디어 혁명이었다. 시간과 공간의 단축을 가져왔을 뿐 아니라 근대도시 출현과 새로운 노동 형태 그리고 여가 생활을 만들어 냈기 때문이다. 나아가 그것은 사람과 화물을 운반했으며 근대적인 삶과 정신과 정보와 문화를 세계 방방곡곡으로 실어 나르고 전파했다. 증기 엔진은 도입된 지 채 몇 십 년도 지나지 않아 거대한 세계적 연결망과 교역의 네트워크를 구축해 냈다. 세계의 축소, 거리의 소멸 그리고 근대의 완성이라는 위업을 이루어 낸 것이다. 한마디로, 철도는 근대 자본주의 형성과 발전의 견인차였다. 제국주의 시대 열강들이 철도 부설권을 놓고 치열하게 각축전을 벌이며 철도에 광적으로 집착했던 이유가 바로 여기에 있었던 것이다.

상습 침수 구역이던 영등포역(사진 오른쪽 가운데) 일대의 모습

영등포(永登浦)는 이와 같은 변화를 가장 극적으로 보여 주는 한국 근현대사의 디스플레이어이다. 철도가 등장하기 전에 영등포는 한강과 안양천 그리고 도림천과 대방천이 교차하고 합류하는 낮은 지역으로 홍수가 잦던 한촌(閑村)이었다. 젊은 날 신촌과 이 일대를 오가며 대학 생활을 했던 자영업자 유재일 씨(62학번)는, 철도가 들어선 이후에도 영등포는 1919년 인촌 김성수가 세운 한국 최초의 근대식 공장으로 '태극성'이란 광목을 생산했던 경성방직과 기관차 공작창 일대를 제외하고는 비만 오면 매번 물난리를 겪던 교외 지역이었다고 술회한다.

철도의 등장이 도시 발전과 성장의 만능 요술방망이는 아니었다. 철도의 등장으로 인해 변화가 급격히 진행된 곳도 있었고, 완만하게 변화하던 곳도 있었으며, 변화가 별로 크지 않다가 별안간에 발전한 곳이 있었다. 영등포역과 그 일대는 가장 후자 쪽으로 완만한 변화와 비약적 발전을 동시에 경험한 수도권 서남부의 최대 거점도시이다. 특히 이곳 영등포는 경인선과 경수선 등을 포함한 전철 1호선을 비롯하여 경부선·호남선·전라선·장항선·KTX 등 거의 모든 노선이 거쳐 가거나 정차하는 철도 교통의 중핵이다.

서울역·용산역 등과 함께 철도 교통의 허브 역할을 하고 있는 영등포역은 1899년 역사가 들어선 이래 1965년에 개축되었고 지난 1995년에는 국내 최초로 민자 역사 시대를 열었다. 기실 영등포는 1901년 8월 20일 경부선 북부 구간 기공식이 열린 철도의 도시였다. 이 같은 변화를 거치면서 영등포역 주변은 롯데·신세계·타임스퀘어(구 경방

열 차 도 착 안 내

현재시각 12 35

열차이름	도착시각	도착홈	출발역	출발시각	열차번호	지연
무궁화	12:38	7	서대전	07:50	1556	0
무궁화	12:41	7	마산	07:30	1274	04
새마을	12:48	6	광주	08:50	1112	02
새마을	12:58	7	여수EXPO	08:30	1122	0
새마을	13:10	7	포항	08:00	1042	01
무궁화	13:18	6	부산	07:55	1208	0

영등포역은 거의 모든 노선이 지나는 철도 교통의 허브 역이다.(위) 경성방직은 사무동(붉은 벽돌집)만
남았고, 영등포역 일대는 쇼핑몰이 밀집한 아케이드 스트리트로 바뀌었다.(아래)

필) 등 쇼핑타운으로, 발터 벤야민(B. Benjamin, 1892~1940)의 표현을 빌리자면 소비자본주의의 만화경 같은 아케이드 스트리트로, 즉 상품의 미학을 구현하는 공간으로 탈바꿈하였다.

에즈라 파운드의 절창, 「지하철역에서」

철도라는 새로운 테크놀로지와 엔터테인먼트 그리고 현대적 건축물들로 가득한, 또는 수많은 사람들이 오가는 이 메트로 스테이션을 지날 때마다 생각나는 시와 시인이 있다. 바로 에즈라 파운드(Ezra Pound, 1885~1972)와 그의 절창 「지하철역에서(In a Station of the metro)」!

> 군중 속에서 갑자기 나타난 이 얼굴들
> 젖은, 검은 가지 위의 꽃잎들.
> The apparitions of these faces in the crowd;
> Petals on a wet, black bough.

일본 하이쿠(俳句)의 영향을 받은 흔적이 분명한 이 짧은 두 줄만큼 강렬한 철도문학—지하철 시는 없다. 「지하철역에서」는 전동차의 도착과 출발 사이에 벌어진 사태를 하나의 이미지로 압축하고 있는 작품이다. 이를 우리의 통상적 경험으로 바꾸어 풀어 보기로 하자.

우선, 첫 행은 전동차의 도착과 함께 차창 안의 승객들이 액자 속의 인물사진처럼 갑자기 나타난 느닷없음을 묘사한 것이다. 그리고 잠시 뒤 전동차가 출발하는 순간 승객들의 얼굴들은 서서히 흐릿해지다가 이지러지면서 형형색색의 선으로 획 하고 눈앞에서 사라져 버린다. 마치 유령처럼, 꿈결처럼 나타났다 사라져 버리는 것이다. 이른 아침부터 저녁까지 격무에 시달렸을 얼굴이 희멀건, 피로에 지친,

철도 문학의 절창 「지하철역에서」를 남긴 에즈라 파운드

아, 우리 시대의 꽃잎들. 이런 관점에서 두 번째 행의 '검은 가지'는 필시 전동차일 것이고, 그것이 젖어 있다는 표현은 이와 같은 현대인들의 삶을 바라보는 시인의 눈에 눈물이 고여 있음을 말하는 것이리라. 따라서 이 시는 출퇴근길에 또는 일상생활 속에서 목격되는 현대인들의 산문적 삶을 지하철이라는 프리즘을 통해서 포착, 이미지화한 애상적인 작품이다.

이 절창을 남긴 에즈라 파운드는 풍운아였으며, 기백이 넘치는 시인이자 비평가였다. 이백(李白, 701~762) 등의 당시(唐詩)를 번역·소개하였고, 제2차 세계대전 당시에는 반미 활동 혐의로 체포되어 정신병원에 연금되기도 하였다. 전 세계 문인들의 탄원과 구명 운동으로 1958년 석방되자 곧바로 이탈리아로 망명하여 그곳에서 생을 마감했다.

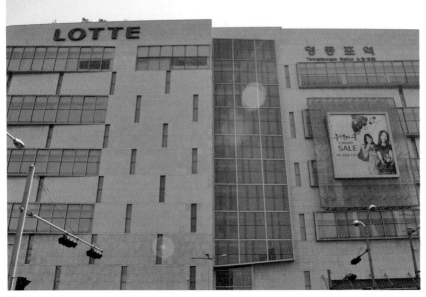

국내 최초 민자 역사도 좋지만, 문화가 아쉽다.

　첨단 민자 역사도 좋고 쇼핑타운도 좋지만, 무엇보다 우리 지하철역
과 철도에도 멋진 역사와 문화가 있으면 좋겠다는 생각을 했다. 파운
드의「지하철역에서」를 떠올리며 갑자기 세계시장에 내놓을 만한 이
런 시인과 시와 문화가 있었으면 하는 간절함이 들었다. 바람 부는 겨
울의 초입 영등포에서. 📖

경인선의
랜드마크
—노량진역과
한강철교

흐르고 소통하는 강과 길의 마을

길의 본령은 소통이다. 사람과 사람 사이, 도시와 도시 사이를 매개하고 이어 주는 것은 길의 사명이며, 존재 이유일 것이다. 강물은 흘러야 하는 것처럼 길은 늘 열려 있어야 하고 소통해야 한다. 그렇게 흐르고 소통하면서 우리는 삶을 이어 왔고, 문명을 만들어 냈다.

모든 문명은 강에서 태어났다. 소통하고 흐르는 강에서. 그리고 사람과 사람을, 지역과 지역을 잇는 길을 통해서. 그러고 보니 뉴욕의 허드슨, 런던의 템스, 파리의 센, 도쿄의 아라카와, 카이로의 나일, 그리고 서울의 한강 등 세계적인 대도시들은 모두 흐르는 강을 끼고 있는 강변 도시들이거나 길과 강이 어우러진 도진취락(渡津聚落)이었다. 도진취락은 육로와 수로가 교차하여 강변 양안에 사람들과 물산이 모여

들고 소통하면서 형성된 자연 취락으로, 대개가 교통의 요지요 물류의 중심지들이었다. 천년의 영광을 누린 신라의 경주, 일본 고대 문명의 젖줄이었던 백제의 웅진과 부여, 그리고 대륙을 호령하던 고구려의 평양 역시 형산강과 금강과 대동강을 끼고 있던 강변 도시들이었다.

여기, 흐르고 소통하는 강과 길의 마을이 있다. 경인선이 시작된 곳. 1899년 9월 18일 경인선 개통식이 열리고 한국 철도의 새 역사를 연곳. 바로 노량진.

노량진은 수양버들이 군집을 이루고 백로가 날아들던 노들나루, 곧 전통적인 도진취락이었다. 도진취락이 철도로 인해 제2의 전성기를 맞이한 것을 보면, 확실히 철도는 야누스적이며 마키아벨리적이다. 한편에서 전통을 무너뜨리고 새로운 역사를 쓰기도 하지만, 다른 한편으로는 적정선에서 전통과 기민하게 타협하며 이를 활용하기 때문이다. 나루터 노량진이 철도의 도시로 거듭날 수 있었던 것은 이곳이 도진취락이었기 때문이다. 물동량과 유동 인구가 많아 언제나 안정적으로 승객이 확보될 수 있는 황금 노선이었기 때문이다.

지명에 붙은 도(渡)·진(津)·제(濟)는 수상 교통의 요지인 나루터, 곧 진도처(津渡處)의 표식이며, 우리나라 철도역은 도·진·제 같은 전통적인 도진취락에 다리를 놓고 정거장을 세워 교통의 거점으로 삼는 경우가 많았다. 철도가 등장하기 이전, 서울을 감아 도는 한강에는 도미진·광나루·삼전나루·중량포·서빙고나루·흑석진·동재기나루(동작동)·한강나루·노들나루(노량진)·두모포(옥수동)·용산강·삼개(마포)·서강 ·율도·양화도·공총진 등 모두 열여섯 개의 나루터가 있었다. 한 가지 흥미

노량진이 흐르고 소통하는 강과 길의 마을이었음을 알려 주는 나루터 표지석(위)
1900년 무렵의 마포나루(아래)

로운 것은 2008년 현재 팔당댐에서 임진강이 합류하는 지점까지 세워진 교량은 철도교를 제외하고 모두 35개가 있는데, 한강에 세워진 교량들의 대부분은 거의가 나루터 자리요 길목에 들어서 있다는 점이다.

『증보문헌비고』에 의하면, 서울로 통하는 아홉 개의 도로망이 있었다. 이른바 '사방최긴지구대로(四方最緊之九大路)'. 말이 대로지 실제로는 수레 한 대도 제대로 다닐 수 없는 길이 대부분이었다. 그래도 이 도로들이 서울과 전국 각 지역을 거미줄처럼 연결하고 소통하고 있었음을 확인할 수 있다. 이 당시의 기록을 보면, 서울-부산은 제4로로 3,720리요, 서울-인천은 제9로로서 강화까지는 240리였다. 서울-부산은 한강·판교·용인·장호원·충주·문경·안동·대구·밀양 등의 도시를 연결하는 몇 갈래의 길들이 있었고, 서울-인천은 양화도·김포·갑곶진·강화 또는 서울·양화도·오류·부평·관교동으로 이어지는 노선이었다. 옛날 인천에서 서울로 향하는 길목은 지금 같은 노량진과 용산으로 이어지는 철도 노선이 아니라 밤섬 서쪽의 양화대교 방면이었던 것이다.

철도가 부설되기 이전, 육로는 다섯 가지 유형으로 범주화되어 있었다. 예컨대 사람 한 명이 겨우 다닐 수 있는 길은 첩(捷)이요, 소나 말이 다닐 수 있는 길은 경(徑)이다. 수레 한 대가 지날 수 있는 길은 도(途)요, 두 대가 다닐 수 있으면 도(道)이고, 세 대가 동시에 다닐 수 있는 가장 큰 길을 로(路)라 했던 것이다.

서울(한양) 같은 대도시를 제외하고 우리의 길은 첩과 경이 대부분이었다. 우리는 산악 국가였기 때문에 당시의 기술력으로는 대로를 만들기가 쉽지 않았을 뿐 아니라 풍수와 같은 물활론적 사고에 위배되는 일이었으며, 또한 침탈이 잦았던 터에 큰길을 내는 것은 외적에게 목을 내주는 꼴이니 최고의 금기였던 것이다.

이와 같은 전통적 도로망과 소통의 방식을 송두리째 뒤바꾼 터닝 포인트가 바로 경인선이었다. 경인선이 개통되었을 당시, 정거장은 인천 (제물포)·축현·우각·부평·소사·오류동·영등포·노량진 등 모두 여덟 개였다. 그러다가 1900년 7월 5일 최대의 난공사였던 한강철교가 완공된 이후, 같은 해 11월 12일 서대문역에서 전통식을 갖고 용산·남대문·서대문역으로 노선을 연장하면서 경인선이 완성되기에 이른다. 남대문역은 지금의 서울역(경성역)이고, 이화여자고등학교 자리에 있었던 서대문역은 한동안 경인선과 경부선 등 한국 철도의 종착역 역할을 하다가 1919년 3월 31일에 폐지된다.

경인선의 화룡점정, 한강철교

경인선의 랜드마크요 화룡점정은 단연 노량진과 용산 사이를 가로지르는 한강철교일 것이다. 당대에 얼마나 화제를 뿌렸던지, 1914년에 나온 서광전의 『조선명승실기』에는 시흥노량진철교 (한강철교)가 조선의 명승으로 소개되고 있을 정도이다.

경인선의 특징은 전 구간이 대체로 지세가 평탄하여 터널이 없었다는 점인데, 유일한 난공사는 한강에 교량을 설치하는 일이었다. 당시의 한강철교 교각은 모두 9개였으며, 수면에서 교각까지의 높이는

경인선의 랜드마크 한강철교는 관광 명소가 되다시피 했다.(위)
1925년의 을축년 대홍수로 물에 잠긴 용산 일대(아래)

11.2미터였다. 교량 건설에는 철강 1200톤에 벽돌 120만 장 그리고 시멘트와 석재가 각각 5천 통과 5만 개가 투입되었다. 현재 한강철교는 상류에서 하류로 A-B-C-D 등 4개선이 있는데, A선이 가장 먼저

건설된 다리이다.

한강의 수심을 재고 장마철의 최대 수심까지 고려하여 교량을 만들었지만, 한강철교는 곧 큰 고비를 맞게 된다. 1925년 7월 18일에 중부와 강원 지역을 덮친 미증유의 폭우, 이른바 을축년 대홍수로 한강철교가 유실되어 버린 것이다. 이때 한강이 범람하면서 서울역 부근까지 물이 올라왔으며, 송파나루터 일대가 몽땅 떠내려가는 대참사를 입었다고 한다. 송파구 송파1동 파출소 근린공원 주차장에는 당시의 대홍수가 얼마나 충격적이었던지 이를 기념하는 '을축 대홍수 기념비'가 세워져 있다. 경인선을 따라가다 보면 이렇게 지난날의 삶과 역사를 만나게 되니, 경인선은 그 자체가 이미 거대한 기억의 창고이자 역사의 랜드마크인 셈이다.

한국
철도의
클라이맥스,
서울역

마뜩지 않은 이름, 남대문정거장

　　묵은해를 보내고 새해를 맞이하는 세밑. 겨울을 재촉하는 막바지 체로금풍(體露金風)에 서울역 주변의 헐벗은 나목(裸木)들이 진저리를 치며 몇 개 남지 않은 나뭇잎마저 훌훌 떨어내고 있었다. 떠남과 이별이 어찌 수월하랴만, 떠나야 만남이 있을 것이고 오늘의 아쉬운 이별이 있어야만 내년의 신록을 기약할 수 있을 것이다.

　기차역은 이 같은 만남과 헤어짐 그리고 떠남과 귀환의 역설을 가장 잘 체현하는 곳이다. 남인수의 〈이별의 부산정거장〉, 안정애의 〈대전 블루스〉, 나훈아의 〈고향역〉, 다섯손가락의 〈새벽 기차〉 등 만남을 희구하는 이별의 노래들에 유독 기차가 많이 등장하는 것도 결코 우연은 아니리라.

　한국 철도의 상징 서울역은 만남과 이별을 가장 많이 겪은, 그리고 오래도록 지속하는 거대한 역설의 공간이다. 그뿐인가. 경인선·경부선·호남선 등 모든 노선의 종착점이자 시발점이며, 식민의 굴욕과 한국전쟁의 상흔과 고도성장의 영광과 무작정 상경의 아픔이 교차하는 곳이었으며, 신군부 등장이라는 정치적 겨울로 이어진 1980년 '서울의 봄'의 현장이었다는 점에서 서울역은 한국 철도사와 현대사의 상징이요 모순의 현장이라 할 수 있다.

그 서울역이 철도사의 전면에 등장한 것은 1900년 11월 12일 경인선 전 구간 개통식과 함께 '남대문정거장'이라는 이름으로 영업을 개시하면서부터이다. 그런데 아무리 언어생활의 편의성 때문이라고는 하지만, '남대문'이란 말은 영 마뜩지 않다. 숭례문이란 어엿한 이름이 있는데, 남쪽에 있는 큰 대문이라니.

전통사회에서 공공건물과 기관의 이름은 절대로 범상한 것이 아니

경인선 초창기의 남대문정거장

다. 그곳에는 우주의 철학과 동아시아의 사상이 배어 있으니, 근대 이전 도시공학이자 대원칙이었던 『주례』의 「고공기(考工記)」를 한 예로 꼽을 수 있다. 「고공기」에 의하면, 도성의 공간 구성은 좌묘우사(左廟右社)와 전조후시(前朝後市)가 기본적인 대원칙이다. 즉, 왕성을 남쪽을 향하게 하고 그 왼편에 종묘, 오른편에 사직단을 두고, 전면에 조정과 관아를, 그리고 왕궁의 후면에 시장을 배치하는 공간 구조가 바로 그러하다. 경복궁과 도성은 「고공기」와 풍수의 원칙을 절충하여 조성하였다.

그런가 하면 도성의 사대문은 철저히 음양오행론에 따라 명명되었다. 오행이란 목·화·토·금·수를 말하는데, 이를 방위로 치면 목은 동쪽이고 화는 남쪽이다. 토는 중앙을, 그리고 금과 수는 각각 서쪽과 북쪽이다. 이는 다시 인·의·예·지·신이란 유교의 오상(五常)으로 환원될 수 있다. 한양의 주요 건물은 이 같은 음양오행론과 오상에 의거하였는데, 도성의 정문인 남대문은 남쪽을 뜻하는 글자인 예(禮) 자를 따서 숭례문이라 했다. 동대문은 좌청룡인 낙산이 약해 이를 비보한다는 의미에서 동쪽을 뜻하는 인(仁) 자에 갈 지(之) 자를 더 추가하여 흥인지문으로, 서대문은 의(義) 자를 따서 돈의문으로, 북대문은 지(智) 자를 따서 홍지문(후일 숙정문이 정문으로 변경됨)으로, 그리고 도성의 정중앙에 위치하여 시간을 알려 주던 종각은 중앙을 의미하는 신(信) 자를 취하여 보신각으로 이름을 지은 것이다.

이 같은 오행은 산에도 적용되는데, 도성이 마주보고 있는 관악산은 오행의 관점에서 보면 불기운이 아주 강한 화산에 해당한다. 따라서

불타는 숭례문(사진: Wikimedia Commons, by 낮은표현 ⓘⓞ)

관악산의 화기를 누르기 위해 숭례문의 현판을 세우로 세우고, 광화문 앞에 수신인 해태의 상을 조성해 두었으며, 숭례문과 서울역 사이에 큰 연못을 팠다고 전해진다. 남쪽이라 화기가 강한데 화산인 관악산까지 마주하고 있으니, 넘치는 화기를 어떻게 다스리느냐가 예로부터 숭례문 보존의 관건이었다. 그런 숭례문이 2008년 2월 10일 기어코 가슴 아픈 화재를 당하고 말았으니 참으로 공교로울 따름이다.

수도 서울의 관문이며 정문이었던 숭례문에 기차역이 들어선 것은 어찌 보면 지극히 당연한 일이긴 한데, 위와 같은 역사성을 깡그리 무시한 채 남대문정거장이라는 편의주의적 이름을 붙였으니, 이 역시 비

옛 역사와 새 역사가 공존하는 오늘의 서울역

주체적으로 맞이한 철도 시대의 부작용이라 할 수 있다.

철도사와 정치사의 중앙역

경인선의 정차역 남대문정거장이 게이조에키 곧, 경성역으로 부상한 것은 1905년 1월 1일 경부선이 운행을 시작하면서부

터이며, 그에 따라 도성의 상징이자 관문 앞에 거대한 역사를 세우게
된다. 경성역(서울역)은 일본 동경역과 한국은행 본점을 설계한 다쓰
노 긴코(辰野金吾)의 수제자인 쓰카모토 야스시(塚本靖)의 작품으로,
1922년 6월에 착공하여 1925년 9월에 완공되었다. 1923년 간토 대지
진으로 당초의 계획보다 1년이 늦어졌지만, 원형 돔 지붕과 화려한 네
오 비잔틴 양식에 대지 면적이 10,083평이요 건물 면적이 약 6,784제

곱미터(2,052평)에 이를 만큼 웅장하였다. 이로 인해 경성역은 착공 당시부터 "아시아 제1역은 동경역이요 제2역은 경성역"이라는 말이 나올 정도로 세간에 큰 화제를 뿌렸다. 대리석으로 화려하게 치장된 경성역 1등 및 2등 대합실도 주목거리지만, 국내 최초의 양식당으로 알려진 2층 그릴과 티룸(다방)은 한국 근대문학의 작품 무대로 심심치 않게 등장하였다.

진정한 의미에서 한국 근대소설이라 할 수 있는 염상섭의 「만세전」(「묘지」란 이름으로 1922년 발표되었다가 1924년 「만세전」으로 개작됨)과 지독한 반어와 리얼리즘이 돋보이는 현진건의 「운수 좋은 날」(1924)이 남대문정거장 시대를 대표하는 작품이라면, 한국 모더니즘 소설을 대표하는 박태원의 「소설가 구보 씨의 일일」(1934)과 이상의 「날개」(1936)는 경성역 시대의 작품이라 할 수 있다. 확언하기는 어렵지만 만약에 명동(혼마치)의 미쓰코시 백화점, 인천의 각국조계, 그리고 경성역 같은 근대적 건축물과 풍물이 없었다면 아마 한국 모더니즘 문학은 성립하기 어려웠거나 실체 없는 관념의 문학이 될 수도 있었을 것이다. 이들이야말로 척박한 식민지 조선에서 우리 근대 문인과 예술가들이 서구의 근대 문화와 모더니즘을 경험할 수 있었던 희귀한 공간들이었기 때문이다. 그만큼 경인선과 경성역의 등장은 한국 근대 문화의 촉매였던 셈이다.

남대문정거장부터 게이조에키와 1946년의 서울역에 이르기까지 숱한 파란을 겪었지만, 경인선과 함께 시작된 서울역은 한국 철도의 명실상부한 중앙역으로서, 또한 경성역 택시 노동자 파업과 1980년 '서울의 봄' 당시의 최대 규모 군중집회에 이르기까지 광장의 정치와 철도사를 연 역사의 현장으로서 마땅히 경인철도의 아니, 한국 철도의 클라이맥스로 기록되어야 할 것이다.

2부

S. & C. R. R.
SEOUL·CHEMULPO

풍경화 속의
추억 열차 수인선

마트로시카 인형처럼

이야기 속의 이야기로 끝없이 꼬리를 무는

수인선의 깊고 넓은 역사를 지켜보노라니,

난데없이 시인 천상병의

「소릉조」 한 구절이 떠오른다.

　생각느니, 아,

　인생은 얼마나 깊은 것인가

시가 된
추억
열차,
수인선

세상에 가장 잘 알려진 미지의 열차

낡은 사진, 녹슨 철길, 건널목 표지판……. 옛 추억을 떠오르게 하는 소품들이다. 여기에 민폐가 되지 않을 착한 눈이라도 내려 준다면, 친구들과 함께 이런 얘기를 안주 삼아 따끈한 어묵 한 사발과 소주를 나누는 게 제격일 것이다.

추억은 늙지도 않는가. 어스름 저녁 기적 소리 울리며 세류삼각선을 돌아 수원역으로 되돌아가던 까만 기관차와 기차 바퀴에 납작하게 눌려 만들어진 대못칼 그리고 뒤뚱대며 느릿느릿 인천으로 향하던 두 량짜리 동차는 아직도 기억에 생생하다. 아참, 레일 위의 대못이 기차 바퀴에 튕겨 나가지 않도록 입안에 침을 가득 모았다가 뱉어 두는 건 수인선(水仁線)과 함께 잔뼈가 굵은 우리들 사이에서 통용되던 노하우였다는 것도 빼놓을 수 없겠다.

그때 그 시절, 인천과 수원을 오가며 군자 염전의 소금과 소래 포구의 참게를 쉼 없이 실어 나르던 바지런한 꼬마열차. 황혼녘 드넓은 야목의 들판과 소래 철교를 지나 햇빛이 노루꼬리만큼 남았을 때 수원역 혹은 송도역에 도착하여 통학생들과 좌판 아주머니들을 부려 놓던 서민 열차. 바람과 갯벌과 사연들이 모여 시(詩)가 되어 버린 추억 열차, 수인선!

수인선은 세상에서 가장 잘 알려진, 미지의 열차라 할 수 있다. 낭만 열차의 상징이요 문학작품의 단골 소재로, 노장들의 이야깃거리로 호명되기는 하지만, 이렇다 할 대표작이 나오지 않은 것이 그 증거다. 그 점에서 수인선은 밤바다를 비추는 등대의 아랫면처럼, 또 세상의 모든 사물을 보면서도 정작 자신은 볼 수 없는 눈처럼 보되 보지 못하며, 알되 잘 알지 못하는 한국 철도사의 블라인드 스포트(blind spot), 이른바 마리오트의 맹점(Mariotte's spot)일지도 모른다.

어느 누구에게나 과거는 언제나 돌아가고픈 유토피아일 것이다. 그러나 이는 고단한 현실과 돌이킬 수 없는 세월에 대한 아쉬움이 만들어 낸 환상일 뿐이다. 과거라고 어찌 모두 아름다울 것이며, 절실하게 돌아가고픈 유토피아이겠는가. 특유의 친근함과 정취에 매료되어 그렇지, 수인선의 탄생 배경과 기원만큼은 그다지 달갑지 않다.

근사하고 멋진 것일수록 그 기원이 추악하고 우스꽝스러운 경우가 역사에서는 적지 않다. 비근한 예로, 일본학 입문서로서 정전(正典)의 지위에 오른 루스 베네딕트(R. F. Benedict, 1887~1948)의 『국화와 칼』은 한 번도 일본에 가 본 적이 없는 어용(?) 인류학자가 미국 국무부의 지원을 받아 쓴 작품이다. 또, 마드무아젤들의 애용품인 하이힐의 탄생 비화도 그러하다. 궁궐에도 화장실이 갖추어져 있지 않던 시절, 귀족들은 파티 도중에 용변을 건물 밖의 뜰에서 대충 해결해야 했고, 그 때문에 다른 이용객들이 지뢰(?)를 밟는 난감한 상황에 빠지곤 했다고 한다. 그래서 궁리 끝에 구두 굽을 높여 불의의 사고로부터 옷을 보호하고 엉덩이의 고도를 높여 줌으로써 곤경을 면했다는 것이 하이힐 탄생의 비화이다.

협궤열차의 대명사 수인선은 서민 열차와는 거리가 먼 경동철도주

철교 위를 달리는 수인선 협궤열차(사진 제공: 인천광역시립박물관)

식회사(京東鐵道株式會社) 소유의 사설 철도였으며, 쌀과 소금을 인천 항을 통해 일본으로 실어 나르기 위한 수탈의 노선이었다. 강원 내륙 의 목재와 여주 및 이천의 쌀을 수송하기 위해 만든 수여선(水驪線)과 인천항을 연결하기 위해서 우여곡절 끝에 탄생시킨 인스턴트 철도였 던 것이다. 수인선은 1926년부터 인천상공회의소를 중심으로 논의가 무성했지만, 경제성과 실효성에 대한 논란으로 자꾸 미루어지다가 1936년 5월 16일 인천 화정(花町) 매립지에서 기공식을 갖고 6월 1일 부터 공사에 돌입하여 1년 2개월 만인 1937년 8월 6일에 개통을 보게 되었다.

수인선은 총연장 52킬로미터에 궤간 762밀리미터의 단선 협궤열차 로, 개통 당시 수원·고색·오목·어천·야목·빈정·일리·성두·원곡·신 길·군자·소래·논현·남동·문학·송도·인천항 등 열일곱 개의 역을 한

일본으로 내갈 쌀가마니들이 인천 부두의 창고에 입하되고 있다.

시간 사십 분에 주파하였다. 수인선의 전성기는 1942년까지로, 이 기간 동안 준수한 영업 실적을 올리자 일각에서 레일 광궤화 같은 노선 개량 논의가 제기되기도 하였다. 그러나 수인선은 1943년 총독부의 정책 기조 변화로 조선철도주식회사로 흡수되었고, 일제의 패망·해방 공간기의 혼란·한국전쟁 등을 거치며 점차 쇠퇴하여 여객 노선으로서의 기능만 남게 되었다.

에피소드 가득한 휴먼 트레인

경제성도 없고 시설도 낙후했지만 수인선에 온기를 불어넣은 것은 이 땅의 주인인 서민들이었다. 찻삯을 아끼려 치마 속에 곡식 자루를 숨겨 타는 빤한 수법으로 검표하는 차장을 난감하게 만들던 우리 어머니들과, 열차 시각에 맞춰 출발하는 기차를 불호령으로 멈춰 세우고는 느긋한 양반걸음으로 걸어와 기차에 오르던 할아버지, 또 예의와 염치가 지나쳐 신발을 철길에 벗어 두고 버선발로 기차를 탔다가 내릴 때 신발 찾아 달라며 기관사에게 통사정하던 할머니야말로 수인선 신화의 주인공들이다. 비록 경인선이나 경부선처럼 한국 근대사를 뒤흔들 만한 큰 드라마는 없었지만, 수인선은 신산한 삶에 한 줄기 웃음을 안겨 주던 에피소드로 가득한 휴먼 트레인이었다. 그러므로 수인선 승객들이라면 윤후명의 장편 로맨스 『협궤열차』보다는 정동수의 중편소설 「눈깔사탕」과 「몽당연필」 그리고 이상락의 단편소설 「천천히 가끔은 넘어져 가면서」에 더 공감하며 고개를 끄덕이게 된다.

추억의 수인선 꼬마열차(사진 제공: 인천광역시립박물관)

　폭설 주의보가 발령된 주초, 오랜만에 친구들과 번개모임을 마치고 돌아오던 길, 문득 눈 속에 파묻혀 끝내 찾지 못했던 대못칼이 생각났다. 출세와 재물과는 인연이 없으니 그저 마음 관리, 건강관리 잘하며 애들 뒷바라지에나 충실하자던 소시민의 드높은 기개는 오간 데 없고, 친구가 출세했다는 소식에 아내와 소풍을 나갔다는 시바 료타로(司馬遼太郞, 1923~1996)의 착잡 초연한 작품 한 구절이 머릿속을 맴돌고 있다. 온 세상이 하얗게 빛나는 이 밤 자꾸 수인선과 그 옛날을 생각하는 것은, 질투심과 자괴감을 떨쳐 버리기 위함이 아니라, 필시 끝내 찾지 못했던 유년 시절의 잃어버린 대못칼들이 큰 아쉬움으로 남아 있어 자꾸 마음을 자극하고 있기 때문일 것이다. 📓

수인선과
수원역

대쪽 같은 자존심의 도시 수원

수원(水原)은 자부심이 강한 도시다. 한마디로 유구한 역사적 전통과 문화를 가진 경기도의 수부(首府)라는 것. 그러나 도심 한복판에 우뚝 솟은 팔달산처럼 도도한 자부심과 꼬장꼬장한 합리주의는 때로 "발가벗고 삼십 리"라는 볼멘소리를 듣는 빌미가 되기도 한다.

단 한 번의 출항으로 일 년치 연봉을 해결하는 배포 큰 국제도시 인천에 비하면, 수원은 정조 시대부터 상업이 번성한 데다가 주로 봉급 생활자가 많다 보니 계산에 밝은 소심한 상업 도시로 오해를 받을 여지가 많았던 것이다. 이와 같은 맥락에서 "발가벗고 삼십 리"는 수원 사람이 아닌 남양에 사는 효자 이야기로, 어느 날 그가 수원에 장 보러 나왔다가 그만 술에 취해 주막에서 곯아떨어져 있다가 뒤늦게 아버지 제사인 것을 알고 의관을 갖추지 못한 채 속곳 바람으로 삼십 리 길을 내뛴 데서 유래한 것이라는 해명성 설화도 전해 내려오는데, 아직도

이 말이 회자되는 것을 보면 수원 사람들 중에 깐깐한 실리파들이 진짜로 있기는 있었나 보다.

이런 깐깐함에도 유서 깊은 역사가 있다. 요컨대 개혁 군주 정조의 화성 성역이 계기가 된 '작은 서울'이라는 선민의식, 그리고 경부선·수여선·수인선 등 철도가 사통팔달로 열리고 연결되면서 빠르게 근대화될 수 있었던 데서 생겨난 자신감 등이 깔려 있는 것이다. 이 점에서 화성행궁과 수원역은 수원의 역사를 상징하는 알레고리라 할 수 있다.

그렇다고 전통 도시 수원이 철도 도시로 순조롭게 이행한 것은 아니었다. 이 같은 자긍심이 일제와 정면으로 충돌한 사건이 있었으니, 그것이 바로 광무 6년(1902)의 '수원군민 집단 항의 사건'이다. 수원의 관문인 지지대 고개와 화서문을 거쳐 팔달산 뒤편 기슭을 관통하는 경부철도 노선 계획이 부당하고 무례하다며 수원군민이 일제히 들고일

전통 한옥 형식으로 지은 옛 수원역 역사

민자 역사 수원역

어난 것이다. 경부선이 지나가는 길목이 정조 대왕의 영정을 모신 화령전의 등 뒤였으니, 수원을 작은 왕도로 여기던 수원군민의 대쪽 같은 자존심이 이를 묵과할 리 없었던 것이다. 이 같은 여론에 힘입어 경기관찰사 이근명(李根命), 철도원 총재 유기환(兪箕煥), 수원군수 윤영구(尹寧求) 등이 탄원과 문제 제기를 계속하여 외교 문제로 비화하자, 군포와 의왕을 거쳐 구 서울대학교 농업생명과학대학과 농촌진흥청이 마주보고 있는 서호 쪽으로 결국 철도 노선이 변경되어 오늘날 같은 모습을 하게 된 것이다.

근대적 경기 네트워크의 발판

이런저런 우여곡절 끝에 수원역은 수원시 권선구 매산로 1가 서울 기점 41.5킬로미터 지점에 자리를 잡게 된다. 수원의 역사성과 군민들의 자존심을 고려했음인지, 식민지 시대였는데도 수원 역사는 전주·남원 역사처럼 전통 한옥 형식으로 건축되었다. 1905년 경부선 개통과 함께 영업을 시작한 이래로 물동량과 여객이 증가하자 1927년 6월 13일 역사 설계에 착수하고 서둘러 공사에 들어가, 1년 3개월 만인 1928년 8월 27일 낙성식을 거행한다. 이때 준공된 수원 역사는 한국전쟁 과정에서 전소되어 1961년 9월 20일 역사를 신축하였으며, 수도권 전철 1호선 개통 14년 만인 1988년 9월 30일에 역사가 증축되었다. 지금의 수원역은 민자 역사로 2003년 2월 1일에 준공된 것이다.

이러한 인프라가 있었기에 수원역을 기점으로 하는 국내 유일의 협궤철도인 수여선과 수인선이 개통될 수 있었던 것이다. 수여선과 수인선을 협궤 지선 철도로 건설한 시공자는 경동철도주식회사의 사장 다나카 조지로(田中常次郎)였다. 수인선과 수여선의 부설 목적은 경기 남부의 최대 곡창지대였던 여주 및 이천에서 생산되는 쌀과 서해안 지역에서 생산되는 질 좋은 천일염을 일본으로 빼돌리는 한편, 일본인의 편익과 이주를 뒷받침하려는 데 있었다.

식민 통치의 일환이라는 이러한 태생적 한계에도 불구하고, 수인선 개통은 그동안 깊은 잠에 빠져 있던 경기 내륙과 서해안을 철도로 연결함으로써 근대적 경기 네트워크의 발판을 만들어 냈다는 점에 큰 의미가 있다. 여기에 보통의 철도와 달리 위압적이지 않은 동화 속의 장난감 같은 열차가 논길과 들판을 가로지르며 해안가를 달리는 광경은 차라리 한 폭의 목가적 그림이었다.

'물가'라는 뜻을 지닌 간이역 빈정(濱汀)이 잘 보여 주고 있듯이, 수인선은 경사가 완만한 평지와 굴곡이 많은 해안가 주변을 따라 레일이 깔렸다. 칠순을 넘긴 김모 씨는 심지어 완전한 육지요 곡창지대로 알고 있는 지금의 야목도 예전에는 바닷물이 드나들던 해안가였다고 하며, 어린 시절에 "왜정 때 이곳에 제방을 쌓고 간석지를 만들었다"는 이야기를 마을 어른들께 들으며 자랐다고 한다.

수인선 부설과 관련하여 주목해야 할 재미있는 지명이 있다. 옛날 수인선 시대의 군자역이었던 지하철 4호선(안산선)의 시흥시 정왕역 주변의 '평안촌'이 그것. 평안촌은 군자에 염전을 만들고 수인선을 부

수인선 시절의 흔적, 수원역 석탄 창고

설할 때 품삯을 벌기 위해 이주해 온 평안도 출신 사람들이 집단으로
거주하면서 형성된 마을이라는 설도 있고, 건설 작업 당시 임금을 '평
뜨기' 방식으로 계산했는데 그 평뜨기로 먹고살던 사람들이 살던 마을
이라는 설도 있다. 평뜨기란 둑을 쌓을 때 가로세로 1미터 단위의 흙
을 몇 평이나 떠냈느냐에 따라 급료를 계산하는 방식을 말한다.

평뜨기는 매우 고된 작업이었다. 텔레비전이나 영화를 볼 때 카메라
렌즈를 의식하지 못하듯, 위대한 건축물과 문화유산을 볼 때 그 역사

(役事)에 동원된 이들의 노역을 인식하지 못하기 십상이다. 한국 철도 사상 가장 낭만적인 철도로 기억되는 수인선도 마찬가지이다. 지금의 수원에는 수인선의 자취와 그들의 흔적은 전혀 남아 있지 않다. 그런 만큼 오늘은 수인선의 진정한 주인이자 승객이었지만 까맣게 잊힌 채 기억되지 않는 사람들, 발가벗고 편도 삼십 리가 아니라 매일 왕복 팔십 리 길을 오가던 수인선의 진짜 주인공들을 꼭 기억하고 싶다.

고색에서
야목까지

행복의 역설

　　황석영의 장편소설 『오래된 정원』에 "아무 일도 일어
나지 않은 조용한 보통의 날들"이라는 구절이 나온다. 작가는 별 의식
없이 이 문장을 썼겠지만, 생각하면 할수록 정말 멋진 행복론이다. 행복
은 미래의 일도 특별한 것도 아닌, 그저 평범한 일상에 있다는 것이다.
　멋지고 찬란한 내일에 행복이 있을 것이라 생각하고 지금 여기의 현
실을 외면하고 살다가 몸이 아프거나 큰일이 생기면 그제야 조용한 보
통의 나날들이 얼마나 큰 행복이었는지 절감하게 된다. 지극히 당연하
다고 생각했던 일상이 실상은 당연한 것이 아니라 어마어마한 축복이
었다는 것을. 행복은 바로 그 순간에 역설의 베일을 벗는다. 조용하고
평범한 보통의 날을 잃었을 때, 그 조용하고 평범한 나날들이 참 행복
이었음을 알려 주는 것이다.
　수인선도 그랬다. 작은 기차의 공백이 이토록 클 줄 미처 몰랐다. 효
율성과 경제성은 떨어지지만, 문화적 비중과 정서적 가치가 그를 상쇄

하고도 남는 철도 문화유산이었음을 뒤늦게 알게 된 것이다.

수인선 열차 기관사였던, 팔순을 앞둔 동네 아저씨와의 인터뷰가 불발로 그친 다음, 그런 반성과 자책과 함께 이제 더 늦으면 수인선에 대한 생생한 기록을 남길 수 없을지도 모른다는 책임감에 공연히 마음이 조급해진다.

12월 12일 우리 가족의 수인선 답사는 그런 조급함에 등 떠밀려 돌발적으로 이루어진 심심한 여행이었다. 일단 가족 중에서 수인선에 대한 경험이 제일 풍부한 아버지 남당(楠堂) 선생을 모시고 노선을 따라가면서 사진도 찍고 평계 김에 소래까지 가서 회 한 접시 먹고 내려오는, 밑져도 본전이요 빈손이어도 좋을 나들이 길에 나선 것이다.

우선, 어린 시절에 친구들과 "고새기"라 부르며 가끔 오가던 수인선의 첫 번째 정거장 고색역(古索驛)부터 가 보기로 했다. 그런데 이게 웬일인가. 시작부터 대박이었다. 아직 철거되지 않은 협궤열차 레일이 우리를 기다리고 있었다. 쾌재를 부르며 정신없이 셔터를 누르고 있는데, 일요일 오전 불각시에 운전기사로 끌려 나온 동생이 심드렁한 목소리로 말을 건넨다. 이 근방에 자기가 가끔 들르던 '수인선 닭발집'이란 맛집이 있는데, 그것도 도움이 되겠느냐고. 그렇게 중요한 걸 왜 이제 얘기하느냐며 동생을 앞장세웠다. 휴일 이른 시간이라 문이 굳게 닫혀 있어 음식을 맛보지는 못했지만, 아직도 세월에 맞서 묵묵하게 자기 자리를 지키고 있는 수인선의 건재가 여간 고마운 게 아니었다. 그와 동시에 수인선이 자취도 없이 완전히 사라지기 전에 이곳 고색역의 레일을 잘 활용하여 레일바이크라도 놓고 가족 휴식 공간으로, 또

철거되지 않고 남아 있는 고색역 협궤열차 레일(위)
어천역 건널목 주변의 표지판. 앞만 보고 달리는 현대인에게 잠시 멈춰 설 여유를 가져 보라고 권하는 듯하다.(아래)

지역 명물로 키워 보면 어떨까 하는 생각이 들었다. 효율과 이익만 좇는 이 성장 지상주의 시대에, 늘 연착하는 열차에도 여유를 잃지 않았던 수인선 시대의 느림의 마음가짐을 다시 한 번 곰곰 생각해 본다.

무공해 인간 시대의 전설

수인선의 두 번째 정거장 오목역은 근동의 하천들이 오목하다고 해서 '오목내'라 불렀던 동네에 들어선 임시 정거장이었다. 맥수지탄(麥秀之嘆)이라더니, 지형과 건물들은 그대로인데 이 근동 부대에서 복무하던 시절 동기들과 가끔씩 쉬어 가던 다방들은 이미 다 사라지고, 수인선도 겨우 과거의 흔적만 남아 있을 뿐이다.

이곳 오목역은 임시 정거장이지만 수인선의 유일한 터널이 있었던 곳이다. 이상락의 단편소설 「천천히 가끔은 넘어져 가면서」에 보면 오목역 터널에 얽힌 에피소드 하나가 등장한다. 이곳은 오래된 터널이라 비만 오면 천장에서 물이 줄줄 샜고, 그 바람에 철로가 미끄러워 기차가 제자리걸음을 하는 사고가 잦았다. 그러던 어느 날에는 기차 바퀴가 심하게 공회전을 거듭하는 바람에 불완전 연소된 연료에서 나온 매연에 미처 대비하지 못한 차장이 질식해 쓰러지는 사고가 난다. 급한 마음에 기관차 조수가 기름때 묻은 장갑을 낀 손으로 근처의 도랑물을 떠다 먹여 차장을 살려 냈고, 열차에 타고 있던 승객들이 모두 내려 낑낑거리며 기차를 밀어 간난신고 끝에 겨우 터널을 통과했다. 터널을 빠져나오긴 했으나 승객들의 옷이 엉망이 되었을 것임은 불문가지. 그

러나 수인선 시대는 지금과 달리 무공해 인간 시대라 수원역에 도착해
서도 누구 하나 항의하는 사람 없이 그저 서로를 바라보며 너털웃음을
터뜨리며 헤어졌다던가. 이 휴먼 트레인의 전설을 아는지 모르는지 터
널이 있던 자리에는 지금 국순당 공장이 들어서 있어, 무공해 인간들
이 살던 시대의 인간적인 이야기는 그저 풍문으로 전해질 뿐이다.

어천역은 이보다 더 인간적이다. 구한말까지는 어량천(於良川)이라
불리어 오다가 1914년 행정구역 개편 때 동리 앞 하천에 고기가 많다

옛 어천역 건물. 지금은 사람이 살고 있다.

하여 어천리(漁川里)가 되었다는데, 아직도 시골의 한적함과 고즈넉함을 간직하고 있다. 그뿐 아니라 수인선 시대의 역사(驛舍)며 통신선이며 건널목 표지판 등이 그대로 남아 낯선 방문객을 담담히 맞이한다. 수인선 어천역의 압권은 바로 옛 모습을 그대로 유지하고 있는 어천역이다. 지금은 민가로 변해 사람이 살고 있다. 할 수만 있다면 이 분들의 사생활을 절대로 침해하지 않는 범위 내에서 이곳을 근대문화유산

야목역과 인근 들판. 한가운데의 회색 기와집이 야목역 겸 매표소였다.

으로 등재하는 것과 같은 보호조치가 꼭 취해졌으면 한다.

야목은 경기도에 남아 있는 몇 안 되는 시골 마을이며 자연 취락이다. 야목(野牧)이란 이름은 가축 방목과는 별 관계가 없다. 마을 앞에 넓은 들이 펼쳐져 있고 산기슭에 초목이 무성해서 소를 키우면 좋겠다하여 야목리란 이름이 붙었다고 한다. 마을회관 근동에 사는 한 어르신은 이곳은 원래 바다였는데 왜정 때 간척지를 만들어 넓은 들이 생겼고, 겨울이면 한량들이 이곳에서 활을 쏘며 놀았다고 회고한다. 수인선이 다닐 적에는 좋았는데, 지금은 수원이나 안산에 나가려면 차를 세 번이나 갈아타야 하는 오지가 되었다며 끌탕이시다.

좀 더 취재했으면 좋았으련만, 오후부터 산불 대기 당직을 서야 한다는 공무원 동생 때문에 칼국수로 서둘러 점심을 마치고서 우리 가족의 수인선 답사 여행은 그렇게 심심하게 끝이 났다. 돌아오는 길, 철인 맹자가 말한 군자삼락(君子三樂)은 고사하고 그저 부모님이 계시고 형제가 탈이 없는 일상만 지속되어도 그 얼마나 홍복이냐며, 본가에서 대구탕 끓여 저녁이나 먹자고 했다.

우리에게 수인선은, 바로 그런 철도였다. 📝

사리역
최용신
상록수

브나로드운동과 『상록수』

기차와 궁합이 잘 맞는 것은 무엇일까? 바로 잠과 독서다. 요즘에는 카톡이나 모바일 게임을 즐기는 스마트 몹(smart mob)이 대세지만, 열차 여행의 무료함을 달래는 가장 좋은 방법은 단연 맛있는 토막잠과 독서삼매다. 기차를 성인들의 요람이라 하는 것은 수면을 유도하는 적정한 진동 때문이며, 이동 독서실이라 하는 것은 책 외에는 별다른 대안이 없어 평소와 다른 놀라운 집중력이 생겨나기 때문이다.

기발한 착상과 아이디어 하나가 세상을 바꾸는 지식정보화 시대에 아예 열차의 몇 량을 수험생과 독서인들을 위한 전용 칸으로 꾸미면 어떨까. 한국에서만 운행되는 세계 유일의 독서열차! 이 얼마나 멋진 일인가.

철도가 독서 습관과 생활의 패러다임을 바꾼 근대적 독서의 산실이

4호선 상록수역에서 걸어서 10분 거리에 있는 최용신기념관. 인근에 수인선 사리역이 있었다.

라는 것은 일반 상식이 되었다. 철도망의 확장으로 인해 신문과 잡지
등 근대 미디어들이 전국에 유통될 수 있었으며, 장거리 철도 여행의
지루함이 산업화한 읽을거리(railroad story)들의 등장을 촉발하였기
때문이다. 아울러, 공공 도서관이 들어서고 철도 여행이 보편화하면서
소리 내서 책을 읽는 전통적인 낭독 대신 조용히 책을 보는 근대적 묵
독으로 독서의 습관과 패턴이 급속히 달라지기 시작하였다.

새롭게 변화한 미디어 환경에서 바짝 몸이 단 것은 출판업자들과 신문사들이었다. 특히 사세 확장과 구독자 확보를 위한 신문사들의 경쟁은 갈수록 가열되었다. 이 같은 맥락에서 1931년부터 수년간 지속된 동아일보사의 브나로드운동은 한국 계몽주의 운동사에 큰 족적을 남긴 문맹 퇴치운동일 뿐 아니라, 민중에게 글자를 가르쳐 독자로 만들려는 구독자 확보 운동이기도 했던 것이다.

이 브나로드운동의 대표적인 성과가 심훈(1901~1936)의『상록수』이다.『상록수』는 동아일보사의 창간 15주년 기념 현상 공모에 당선된 장편소설로, 춘원 이광수의『무정』·『흙』등과 함께 한국 계몽주의 소설을 대표하는 작품이다. 심훈은 소설가일 뿐 아니라 민족 해방과 광복의 순간을 고대하는 격정적인 시「그날이 오면」(1930)을 남긴 시인이었고, 이경손이 감독한 영화〈장한몽〉(1925)에서 주연인 이수일 역을 맡아 열연했던 영화배우이기도 하다. 후일 그는 자신이 각본과 감독을 맡아 고려영화사에서『상록수』를 영화로 만들려 했으나 일제의 방해로 무산되었고, 1961년에 가서야 신상옥(1926~2006) 감독에 의해 영화화될 수 있었다.

『상록수』는 순수 창작물이 아니다. 경성농업학교 출신인 조카 심재영과 공동경작회 회원들의 경험을 원줄기 삼아, 안산시 샘골에서 농촌 활동가로 헌신했던 최용신(1909~1935)의 이야기를 접목한 작품이다. 스승 김교신(1901~1945)의 권유로『최용신의 생애』(1939)를 쓴 류달영(1911~2004) 교수도『상록수』의 실화 소설로서의 측면에 대해서 언급하고 있다.

심훈 씨의 소설을 보면 남자 주인공이 수원고농 학생으로 되어 있는데, 사실 그 주인공 모델은 자기 집안사람인 심재영 씨로, 고향에서 농촌운동을 하고 있었다고 해요. 수원고농 출신은 아니었어. 그분을 소설에서는 용신 양과 연결시켜 러브 스토리로 만든 것이거든. 소설은 사랑 이야기가 없으면 안 팔리니까.

영화 〈상록수〉에서 여주인공 채영신 역을 맡은 국민배우 최은희의 열정적인 연기와 단아한 모습에 매료된 사람들은 채영신 혹은 최용신 하면 최은희의 이미지부터 떠올리는데, 실제로도 그러했던 모양이다. 수원고농에 다닐 때 수원 서호, 즉 축만제(祝萬提)에서 직접 최용신 선생을 만난 적이 있는 류달영 교수는 그를 중키에 날씬하며 오똑한 코와 지혜로운 눈동자 그리고 마마로 얽은 얼굴이 매우 인상적이었던 의지적 인물로 회고하고 있다.

사리와 겨울 낚시의 추억

당고개와 오이도를 오가며 수도권 시민의 발 노릇을 하고 있는 4호선 상록수역은 그러한 최용신의 업적을 기리기 위해 심훈의 소설에서 이름을 따온 전철역이다. 상록수역에서 내려 1번 출구로 빠져나와 도보로 10분 남짓 걸어 올라가면 최용신 묘와 기념관이 나온다. 그리고 바로 그 근처에 수인선 사리역(四里驛)이 있었다. 수인선과 지하철 4호선의 합류 지점은 한대앞역이다. 따라서 지금의 상록

수역은 수인선 사리역과는 무관하다. 다만, 한대앞역과 상록수역 사이, 그리고 시곡중학교와 오목골 공원 사이에 수인선 사리역이 있었던 것이다. 지금은 공원으로 단장되어 옛 자취를 찾기 힘들고, 토박이 어르신들의 기억 속에 흐릿하게 남아 그 이름을 전하고 있을 뿐이다.

사리역 일대는 역사도 미처 기억해 줄 수 없는 작은 공간이지만, 적잖은 변화를 겪었다. 조선 시대에는 광주군 성곶면 사리였다가, 1906년에는 안산군 성곶면 사리로, 1914년 행정구역 개편 때 수원군 반월면 사리로, 1949년에는 화성군 반월면 사리로 바뀌더니 1986년에 안산시 사동이 되었다.

원래 야목과 사리 구간 일대는 동화천 하구로, 과거에는 바닷물이

유입되던 포구였다. 사리역은 고도성장의 신화와 억압적 정치 현실 사이에서 잠시 모든 것을 잊고 쉬고 싶었던 수원·화성·인천 시민들의 휴식 공간이었다. 주말이면 시민들이 사리역 근린의 저수지와 하천으로 낚싯대를 들고 모여들었고, 요즘처럼 한파가 휘몰아치는 겨울에도 얼음끌 대신 데코(てこ)라는 끝이 뾰족한 쇠 지렛대로 땀을 뻘뻘 흘리며 얼음 구멍을 뚫었다. 고기를 몇 마리 잡았느냐는 것은 중요치 않았다. 오직 사리로 겨울 낚시를 왔다는 것, 그리고 아직 레저 문화가 자

최용신의 묘

리를 잡지는 못했지만 일상에서 벗어나 삶을 즐기고 있다는 것 하나만으로도 행복했던 시절이었다.

비록 풍요로운 시절은 아니었지만, 수인선을 타고 사리로 낚시를 간다는 것 하나만으로도 신나고 온 세상을 가진 것 같았던 그때 그 시절로 돌아가고 싶다. 기차 차창 밖으로 펼쳐진 경치를 실컷 구경하고, 공상하고, 책 읽고, 졸며 낚시를 떠날 수 있었던 그때의, 그 싱싱한 갯벌 냄새와 바람이 그립다. 인생의 소소한 이치를 깨달은 대신 삶의 신비를 잃어버린, 말을 삼키며 교언영색을 일삼는 노회한 중년이기를 멈추고, 영화 〈박하사탕〉 주인공의 절규처럼, 마음 가난한 홍안의 시절로 돌아가고 싶다. 🖊

경기
실학 1번지,
수인선
일리역

실천적 독서인, 성호 이익

　　기차에 등급이 있듯 독서에도 레벨이 있다. 책과 내가 하나가 되는 책인합일(冊人合一)의 문자선(文字禪)이 최상의 경지라면, 세상에 유익을 주고 세계를 경영하고자 하는 경세적(經世的) 책 읽기는 공리적 독서의 으뜸이라 할 수 있다. 이름난 세계적 독서가들의 독서론이 많고 많지만, 그중에서도 연암(燕巖) 박지원(朴趾源, 1737~1805)의 독서 철학은 단연 발군이다. 이른바 "한 선비가 책을 읽으면 혜택이 사해에 미치며 그 공이 만세에 드리운다(一士讀書 澤及四海 功垂萬歲)"는 연암의 이 삼엄한 독서론은 그저 직업적으로 책 보고 습관적으로 연구하는 동시대 학자와 책벌레들에게 책 읽기의 의미와 태도를 다시 돌아보게 하는 매서운 회초리와 같다.

　　연암이 그와 같은 공리적·실천적 독서론을 바탕으로 한국 실학의 한 축인 이용후생의 북학파를 이끌었다면, 성호(星湖) 이익(李瀷, 1681~1763)은 독서를 통해 한국 실학의 양대 산맥인 경세치용 학파를 이끈 조선 후기 최고의 실천적 독서인이었다고 할 수 있다. 성호는 남인 명문의 후손으로, 대사헌을 지냈던 아버지 이하진이 숙종 6년(1680) 서인 집권으로 인한 경신출척으로 진주목사로 좌천되었다가 다시 평안도 운산으로 유배되었을 때 그곳에서 태어났다. 이듬해 부친이 세상을 떠나자 가족 모두가 성호가의 영지인 성호장과 선묘가 있는 안산 첨성리, 즉 지금의 안산시 상록구 일동에 내려왔고, 성호는 이곳에서 평생을 독서와 학문에 매진하였다.

성호가 출사에 뜻을 접고 평생을 독서에 주력하게 된 것은 중형(仲兄) 이잠(李潛, 1660~1706)이 노론을 비판하는 상소를 올렸다가 장살(杖殺) 당하는 등의 정치적 어려움과 붕당정치에 대한 환멸, 그리고 부친이 연경에서 사 온 수천 권의 장서가 있었기 때문이었다. 여주 이씨가(驪州李氏家)가 처한 불우한 정치적 환경과 학문적 인프라가 성호를 최고의 독서인으로 만들어 낸 것이다.

그러나 그의 독서는 산림처사를 자처했던 일사(逸士)들과 달리 자폐적이거나 도피적인 것이 아니라 대단히 실용적이고 경세적이었다. 요컨대 사농합일·균전제·삼한정통론·천문학 등에 걸쳐 대단히 현실적인 학문 체계를 구축했을 뿐 아니라, 권철신·이가환·정약전·정약용 등을 비롯하여 안정복·윤동규·황덕길·허전 등 조선 후기 사상사를 빛낸 실학자들을 키워 냈던 것이다.

한파가 잠시 주춤거리던 1월 중순, 수인선 일리역의 자취를 추적해

성호 선생 묘비석. 글은 채제공, 글씨는 유희강의 솜씨다.

가다가 근동의 성호 선생 묘소를 찾았다. 단아하고 빈틈없는 비명의 서체에 끌려 가만히 살펴보니 비문은 번암(樊巖) 채제공(蔡濟恭, 1720~1799)이요, 글씨는 검여(劍如) 유희강(柳熙綱, 1911~1976)의 솜씨다. 채제공은 정조 시대 남인의 지도자이자 재상으로 이름을 떨쳤던 인물로, 경기감사 시절 몸소 이곳 일리까지 성호를 찾아뵌 적이 있고 영상의 자리에 올랐을 때 성호를 기리며 비문을 지었다고 전해진다.

지금의 비문은 그로부터 2백여 년이 지난 1967년에 세워진 것이다.

검여 유희강은 인천이 낳은 불세출의 서예가로, 『향토 인천 안내』 (1959)를 펴낼 정도로 인천의 문화유산에 대한 깊은 조예와 애정을 보여 주기도 하였다. 검여는 서예가로 한참 성가를 높이고 있을 때 뇌출혈로 오른손과 우반신이 마비되는 시련을 겪는데 이를 딛고 일어서 왼손으로 작품 활동을 한, 이른바 좌수서(左手書)라는 미증유의 신화를 남긴 문화 예술인이다.

경기 실학 1번지에서

수인선 정식 정거장인 일리역(一里驛)은 본래 4호선 한대앞역에서 수원 방향으로 백 미터쯤 떨어진 지점에 자리 잡고 있었다. 안산-금정 간의 전철 공사 때 한대앞역이 생기면서 일리역은 1994년 9월부터 1995년 12월 31일 수인선이 폐선될 때까지 종착역의 역할을 하였다. 1937년 수인선 부설 당시 이 일대를 선촌(船村)이라고도 했는데, 그것은 이 근방의 매화동까지 배가 들어와서 붙여진 이름이라고 한다.

성호의 기념관과 묘역은 일리역 또는 한대앞역에서 도보로 10분 정도 떨어진 옛 첨성리에 있는데, 첨성(瞻星)이란 말 그대로 별과 천문을 살핀다는 것이다. 『성호사설』에는 천문에 관한 글이 유독 많은데, 이 또한 결코 우연은 아니리라. 성호 선생을 기리는 사당 이름이 '첨성사'인 것도 지명과 선생의 천문학 연구의 성과를 고려하여 붙였거니하며 아는 체를 했는데, 성호 선생님께서 백성을 위해 늘 천문을 살피고 정확한 농사의 시기를 가늠하셨기에 그 뜻을 기리기 위해 첨성사란 이름을 붙였다는 것이 관리인 할머님들의 말씀이다. 토지문제와 간척지 개발에 깊은 관심을 가졌던 성호의 행장을 되새기니, 그 말씀에 더 공감이 간다.

그런데 첨성사의 현판과 경호재(景湖齋)란 재실의 현판에 새겨진 글씨도 범상치 않았다. 걸작이라고 할 수는 없어도 대쪽 같은 선비의 체취가 물씬 풍기는 전형적인 학자풍의 글씨다. 염치불고하고 관리인 할머니에게 넌지시 물었더니, 경호재라는 말은 성호 선생이라는 우뚝한 사상가를 멋진 경치처럼 우러러 받든다는 뜻이라고 일러 주시면서 글씨가 누구 것인지는 모르겠다며 다시 분주히 손길을 놀린다.

궁금한 것은 못 참는 성격이라 한참 동안을 낙관과 유인을 살피고 뜯어보았는데도 도무지 알 길이 없었다. 낙심한 채 입맛을 다시며 성호기념관으로 아쉬운 발길을 돌렸다. 그런데 뜻밖에도 이 의문은 곧바로 풀렸다. 기념관에 전시된 현판의 원본을 발견한 것이다. 주인공은 바로 청명(淸溟) 임창순(任昌淳, 1914~1999) 선생이었다. 청명 선생은 '지곡서당'으로 알려진 태동고전연구소를 세워 전통 학문의 맥을 이었으며, 성균관대 교수로 재직하던 시절에 4월 혁명, 이른바 4·19 교수 시위를 주도했던 실천적 한학자요 지식인이었다.

추운 날씨에 언 발로 눈길을 밟는 후학이 기특했음인가. 수인선의 이름 없는 작은 일리역 주변에서 한국의 대표 지성들을 만나는 큰 복을 누렸다. 만유의 본성이 하나요, 사생일신(四生一身)이라더니, 과연

성호 선생을 모신 사당인 첨성사(위). 첨성사 현판. 실천적 한학자요 지식인이었던 임창순이 글씨를 썼다(아래).

모든 것은 서로 하나로 통하고 연결된다. 이처럼 진리는 때로 크고 작고 좁으며 일상적이면서 신비하고 무섭다. 이 우주와 진리 앞에서 숨을 곳은 없으니 겸손하고 바르게 살아야겠다고 마음을 다잡으며, 수인선의 마지막을 함께했던 경기 실학 1번지 한대앞역에서 온 길을 되짚는다. 기온이 더 떨어지고 한파가 기승을 부리지만, 결국 그 끝이 있으리라.

철로 위에
새겨진 기억들
—고잔에서
군자까지

솔트 로드 수인선

소금이 없는 인류의 삶과 문명은 상상도 할 수 없다. 우선 인체생리학적으로도 항상 0.71%의 염도가 유지되어야 한다. 또한 김치·젓갈·장(醬) 등 우리의 독특한 음식 문화만 놓고 보더라도 소금의 비중은 절대적이다. '백색의 황금'이란 별칭이 허언이 아닌 것이다.

『삼국지연의』의 영웅 관우가 무신 관제(關帝)의 반열에 등극한 것도 소금이 있었기에 가능했다. 관우가 신으로 숭앙되는 것은 그의 뛰어난 무용과 영웅적 행적 때문이기도 하지만, 더 결정적인 이유는 그가 산서성(山西省) 해주(解州) 출신이라는 사실에서 찾을 수 있다. 산서성 해주에는 중국 최대의 소금 산지인 염호(鹽湖) 곧 해지(解池)가 있었다. 예로부터 소금은 왕실의 전매사업으로 독점되었을 만큼 경제적으로나 정치적으로 큰 의미를 가지고 있었다. 당나라 말기 황소(黃巢)의 난 같은 정변의 배후에 소금 상인들이 있었고, 중국 현대사를 장식한 총통 장제스(蔣介石)도 소금 상인의 아들이었다. 막대한 군사비와 정치적 비용은 모두 소금 상인들한테서 나왔던 것이다. 중국의 모든 정치적 사건과 전란의 배후에서 소금이 그 뒤를 받치고 있었다.

『삼국지의 영광』을 쓴 김문경 교수에 의하면, 산서성 출신의 소금 상인들은 해주가 낳은 최고의 인물이요 향토 영웅인 관우에 대한 사랑과 자부심이 대단했다고 한다. 그들은 고향의 자랑인 관우를 마스코트이

수인선의 흔적이 남아 있는 고잔역 부근의 풍경

자 수호신으로 만들어 짊어지고 중국 전역을 누볐으며, 이 과정에서 관우를 수호신·재신·군신(軍神)으로 받드는 관우 신앙이 전국으로 퍼져 나갔다는 것이다. 지하철 1호선 동묘앞역의 동묘(東廟)는 임진왜란 당시에 건립된 관우의 신상을 모신 사당이었고, 전주에 있는 관성제묘(關聖帝廟)는 명성황후가 정권의 안녕과 개인적 기복을 위해 세운 것으로 관우 신앙의 구체적인 사례들이라 할 수 있다.

수인선도 따지고 보면 소금으로 인해 태어난 철도다. 인천과 수원 사이 서북으로 이어진 고잔·원곡·신길·군자역 등은 작아도 그냥 스쳐 지날 수 없는 수인선의 알짜들이다. 원곡역은 상·하행 열차들이 교행을 하거나 냉각수를 채워 넣던 중간 기착지였고, 군자역 일대는 소래·주안 등과 함께 서해안 최대의 소금 산지였다.

소금을 생산하는 대표적인 제염법으로는 해수직자법(海水直煮法)·염전법(鹽田法)·재제염법(再製鹽法)·천일염법(天日鹽法) 등이 있는데, 이 중에서 바닷물을 가마에 넣고 가열하여 수분을 증발시켜 소금을 얻는 해수직자법이 가장 오래된 전통적 제염 방식이다. 그러나 이 방식은 중국의 천일염에 비해 제조 공정이나 가격 면에서 도저히 상대가 되지 않았다. 이에 일제는 검토 끝에 1906년 천일염전의 적지로 인천의 주안과 진남포항의 광양만을 선택하게 된다. 주안과 광양만 염전의 뒤를 이어 1925년 3월 군자에, 1935년 12월과 1937년 6월 두 차례에 걸쳐 소래에 천일염전이 들어서게 된다. 경인선과 수인선이 지나는 이곳에 염전 지대가 들어선 것은 간만의 차이가 커 염전 구축이 용이하고, 강우량이 적고 건조한 바람이 많이 불며, 노동이나 수송 등 환경 면에서 뛰어난 경쟁력을 지니고 있었기 때문이다.

그런데 일제강점기 소래역과 군자역 주변에 들어선 염전은 모두 중국인 기술자들이 축조한 것들이다. 1925년 군자 염전 조성에 동원된 인부들 8천여 명 가운데 2천여 명이 산동성(山東省)에서 건너온 노무자들이었으며, 이들 중에 천일염 제조 기술자들이 대거 포함되어 있었다고 한다. 4호선 정왕역 주변의 평안촌은 평안도 출신의 노무자들과 중국인들이 모여들면서 마을이 형성된 것이니, 수인선과 소금이 근대 안산을 만들었다 해도 과언이 아니다. 지금 군자 염전(한화 매립지)는 시화지구 개발 사업으로 사라져 자취를 찾을 길이 없다.

이렇듯 수인선은 일종의 솔트 로드(salt road)였다. 솔트 로드 수인선 고잔-군자역과 현재의 4호선 고잔-정왕역 구간은 거의 일치하며, 이 점에서 4호선 한대앞역에서 오이도역 노선은 수인선의 계승자라 할 수 있다.

마트료시카 인형처럼

'고잔'이라는 이름에 대해서는 '곶' 안에 있는 마을이라는 뜻을 지닌 '곶안'에서 파생되었다는 설과, 고잔역 마을을 '다리간'이라 했는데 수인선 부설 당시에 배가 왕래할 수 있도록 철교를 가설한 데서 생겼다는 설이 있는데, 이곳은 조선 시대에 이미 안산군 잉화면(仍火面) 고잔리(古棧里)라는 행정명이 있었다. 고잔이 본격적으로 개발되기 이전에는 100여 가구가 살던 규모가 큰 마을인 둔매미와

오늘의 역 근처에 옛 역의 시설물들을 모아 작은 공원을 꾸며 놓았다.

13여 호가 살던 신촌이 있었는데, 지금은 어디가 어딘지 전혀 옛 자취를 알 수 없게 되었다. 다만, 4호선 고잔역과 중앙역 사이에 수인선 협궤선이 공원으로 조성되어 옛날의 자취를 잘 보존하고 있어 작은 위안이 된다.

원곡(元谷)은 급수를 위한 용수정이 있는, 상·하행선이 교행하던 수인선의 중간 기착지였다. 수인선의 작가 정동수의 중편소설 「몽당연필」에 원곡역과 관계 있는 에피소드가 등장한다. 수인선 기찻길을 따라 미군이 깔아 놓은 송유관이 있었다. 조상들이 남겨 준 고서를 태워 땔감을 해결하면서 삶을 이어 가던 혹독한 시대, 원곡역 인근에 사는

| 오늘의 고잔역

주민들에게 송유관 이음새 부분에서 흘러나오는 석유는 훌륭한 연료였다. 주민들은 이음새 부분에 구덩이를 파서 석유를 받거나 '스피어깡'이라 불리던 통에 석유를 받아 "왕겨에 버무려 아궁이에 넣고 불을 붙여 때"며 살았다고 한다. 이 때문에 미군 병사들과 주민들 간에 갈등이 잦았고, 화재로 많은 사람들이 부상을 당하는 사고도 있었다고 한다.

수인선은 경기 서해안을 잇던 짧은 철도 노선이었지만, 그 역사 자체가 서민들의 생활사였다. 미군의 송유관으로 연명하고 방게를 잡아

장터에 내다 팔고, 수원과 인천으로 농산물을 실어 나르던 우리 아버지와 어머니 시대의 삶의 이야기였던 것이다. 또한 일제강점기의 수인선은 염전 축조 공사로 중국인 제염 기술자들과 평안도 노무자들이 몰려들던 국제적 이주 노동의 현장이었으며, 한국전쟁과 미군의 주둔 등 파란곡절이 많았던 현대사의 현장이기도 했다.

그저 작은 협궤열차여서 역사나 이야기도 그럴 줄 알았는데, 마트료시카 인형처럼 이야기 속의 이야기로 끝없이 꼬리를 무는 수인선의 깊고 넓은 역사를 지켜보노라니, 난데없이 시인 천상병(1930~1993)의 「소릉조」 한 구절이 떠오른다.

생각느니, 아,
인생은 얼마나 깊은 것인가

철도가
그린
풍경화,
소래역

소래는 낭만이다

사리가 문학적이고 일리가 지적이라면, 소래(蘇萊)
는 낭만적이다. 소래 포구는 일단 포스가 다르다. 우선, 해풍이 들려주
는 노래와 속삭이듯 다가오는 풍경이 발길을 멈춰 세운다. 저녁노을과
잘 어울릴 것 같은 낡은 철교와 시원하게 물살을 가르는 어선을 바라
보노라면 왠지 허기가 느껴진다. 가슴속에 있지만 손으로 만져지지 않
는 옛 추억처럼, 가져갈 수 없는 것들에 대한 그리움이 공복감을 만들
어 내는 것이리라. 여기는 수인선 소래역이다.

철도의 등장은 그전에 인간이 경험하지 못했던 새로운 광경이었다. 열
차가 질주하면서 시시각각으로 펼쳐지는 차창 밖의 파노라마와 터널과
교량들이 전에 없던 새로운 산업적 풍경을 만들어 내며 우리의 감각을
새로운 세계로 이끈다. 소래도 그렇다. 찰스 실러(Charles Sheeler, 1883~

1965)가 말한 테크노스케이프(technoscape), 이른바 공업기술풍경이 바로 이것 아니겠는가.

소래역은 테크노스케이프이긴 하되, 자연과 철도가 함께 빚어낸 풍경화다. 이 그림 속에 들어서는 순간, 왠지 이곳에서는 청년 시절의 뜨거운 열정이 살아날 것 같기도 하고, 만인의 지탄을 받지 않을 수준에서 가벼운 일탈 정도는 허용이 될 것도 같다. 잊고 지냈거나 잃었던 내 안의 낭만적 충동을 일깨우며, 현실 인식을 잠시 무중력 상태에 빠뜨릴 정도로 소래의 풍경은 중독성이 매우 강하다. 이곳에 서면 일흔의 나이에 가정부 소녀에게 받아들여지지 않을 열렬한 사랑 고백을 했고 극심한 좌절 끝에 가스를 틀어 놓고 생을 마감했다는 야사를 남긴 『설국』의 작가 가와바타 야스나리(川端康成, 1899~1972)의 마음도 조금은 이해할 수 있을 것 같기도 하다. 젊음에 대한 사랑, 잃어버린 열정에 대한 전도된 그리움 같은 것.

연인 조피 폰 퀸의 환영을 쫓으며 그녀의 무덤 앞에서 밤새 적포도주를 마시고 취하기를 반복하다가 불후의 로망스 「밤의 찬가」를 남긴 노발리스(Novalis, 1772~1801)의 열정과 광기까지는 아니라고 하더라도, 윤후명의 장편소설 『협궤열차』나 단편소설 「협궤열차에 대한 보고서」에 나오는 로망스는 인정할 수 있을 것도 같다, 이곳에 오면. 낯선 곳에서 아름다운 여인과의 사랑과 만남이라는 늘 반복되는 낯간지럽고 남우세스러운 작품도 받아들일 수 있을 것 같은 마음의 틈과 관용이 생긴다. 그것이 소래 포구다.

그런데 감상적 호사와 상념은 여기까지다. 철교를 건너 소래 어시장

소래 포구.(위) 기념물로 전시된 '혀기' 형 기관차.(아래)

에 들어서는 순간, 소래는 전혀 다른 표정으로 얼굴이 바뀐다. 매서운 겨울 추위를 억척스러움으로 이겨 내고 삶을 이어 나가는 시장 상인들의 활기와 외침이 잠시 무중력 상태에 빠져 있던 우리를 다시 현실로 귀환시킨다. 세상살이에 지치고 의욕을 잃었을 때 재래시장을 찾는다는 이들이 의외로 많다. 그것은 시장이 낭만적이고 특별한 마법이 있어서가 아니다. 흔히 우리가 장터에서 얻어 오는 삶의 활력과 의지는 어쩌면 상인들의 고단한 생존의 몸부림에서 나오는 에너지파를 자의적으로 곡해해서 받아들인 것에 불과하다. 사실, 장터에서 상인으로 살면서 사람과 상대하는 삶이 어찌 녹록한 일이겠는가.

'소래'라는 이름의 수수께끼

소래가 포구로 이름을 알리기 시작한 것은 1935년 무렵 천일염전이 들어서고 수인선이 개통된 1937년 이후부터다. 그 이전 소래 포구는 월곶동을 오가던 작은 도선장이자 군사기지였다. 수인선이 개통되고 나서는 소금 산지이자 해산물 집산지로 호황을 누렸다. 1974년 인천 내항이 들어선 뒤에는 갈 곳 없는 소형 어선들이 몰려들면서 경기도 최대의 새우 파시로 떠올랐으며, 각종 젓갈과 싱싱한 꽃게 등으로 유명해졌다. 현재 소래는 수인선의 하이라이트인 소래 철교로 인해 인천 시민과 경기 도민들의 부담 없는 당일 여행지로, 생활의 쉼표로 꾸준한 사랑을 받고 있다.

최용백의 포토 미셀러니 『마지막 협궤열차 수인선 소래 철교 1996～

2009』에 잘 정리되어 있듯, '소래'란 지명은 아직도 미스터리로 남아 있다. 지형이 소라처럼 생겨 나온 말이라는 설, 솔내(松川)에서 유래했다는 설, 지형이 좁다, 즉 솔다-좁다에서 비롯했다는 설, 그리고 소정방(蘇定方)이 백제를 공략할 때 산동성 내주를 출발하여 이곳으로 왔다는 설 등, 이론이 분분하다.

이민족 장수의 침략이 얼마나 충격적이었던지, 소정방에 관한 설화는 여러 지역에 분포해 있다. 금강을 백마강이라고도 하는데, 이 백마강 낙화암 아래의 조어대는 소정방이 백마를 미끼로 용을 낚았다는 전설이, 그리고 부안 내소사(來蘇寺)도 소정방이 와서 '내소'란 이름이 붙었다는 이야기가 전해져 올 정도이다.

소래 포구의 명물 소래 철교는 낡고 부식이 심하여 이제는 통행이 불가능하다. 그래도 철교 옆 해발 40미터 댕구산 정상(?)에서 바라보는 소래 철교와 포구의 모습은 압권이다. 다만, 포구 건너 월곶 주변에 빼곡히 들어선 고층 아파트들이 감정이입을 방해하는 것이 흠이다. 고종 16년(1879), 인천으로 진입하는 이양선을 막기 위해 이곳에 3문의 대포를 배치하고 장도포대라고 불렀다고 한다. 장도포대(獐島砲臺)란 이름은 이 섬의 모양이 노루를 닮았다 해서 붙인 것이라 하며, '댕구산'은 직경 30센티미터의 대완구(大碗口)가 설치되어 있어 붙인 별칭이다. 예나 지금이나 서울에 인접한 서해바다는 전략적으로 쟁탈의 요처였으니, 이곳을 평화와 낭만의 바다로 만들고 가꾸는 일은 오롯이 우리 시대의 최대 과제일 것이다.

이런저런 생각에 젖어 발걸음을 소래역으로 옮긴다. 2002년 8월 철

댕구산에서 내려다본 소래 철교

도청과 인하대학교박물관이 공동으로 조사하고 발표한 발굴 보고서
『수인선: 수원~인천 간 복선 전철 구간 내 문화 유적 지표 조사』에는
분명히 소래 역사가 있었으나 몇 년 전에 철거되고 21번 시내버스 종
점이 되었다. 버스 종점의 소래갯벌슈퍼에 들어가 껌과 과자 한 봉지
를 사면서 주인 아주머니께 SOS를 쳤으나, 소래 역사의 정확한 위치
를 확인했을 뿐 빈손이다.

옛 소래 역사 자리에는 시내버스 종점이 들어섰다.

이 허전한 빈손을 채워 주는 것은 가족이다. 기상천외한 장난질로
엄마를 소프라노 가수로 만들기 일쑤인 원희와 승희, 그리고 책상물림
인 형이 미덥지 못해 큰 가족 행사 때마다 기꺼이 동원되는 자칭 모범
공무원인 막내 동생과 조개구이와 칼국수로 늦은 점심을 먹고, 내처
영화를 보러 갔다. 우리 여행의 여운이 이토록 길어지는 것은 필시 소
래가 우리 안에 깊이 잠들어 있는 낭만적 충동과 모종의 심미적 허기
를 자극하고 있기 때문일 것이다. 🖉

송도역,
잊고 싶은
아름다운
기억

수인선판 체이부정

     언어는 사회의 풍향계다. 단일화·반값등록금·내곡동·4대강·싸이·스티브 잡스·박지성 등 인터넷을 뜨겁게 달구는 주요 검색어들을 포함하여 최근의 유행어들을 보면 현재 우리 사회의 관심사와 환부와 열망이 무엇인지 짐작할 수 있다.

  그런가 하면, 언어는 역사적이다. 인간이 쓰는 언어는 사회적 약속이자 자의적이기에 기원을 알기 어려운 것이 대부분이지만, 기원과 유래가 분명한 것들도 있다. 조선 시대 궁중어의 상당수가 몽골에서 왔다고 한다. 고려 시대 왕실은 정략혼으로 인해 몽골 말과 풍습에 적잖은 영향을 받았는데, 조선 왕실에서 고려 왕실의 언어를 그대로 끌어다 썼기 때문이다. 가령, 임금님의 밥상을 뜻하는 '수라'가 그렇다. 참고로, '황제'를 뜻하는 독일어 '카이저'나 러시아어 '차르'도 제정 로마를 이끈 '시저(Caeser)'에서 파생된 단어들이다.

철도의 등장과 함께 출현한 단어도 당연히 있다. 우리가 일상에서 흔히 쓰는 외래어 트레이닝·트레이닝 복·트레이너 등은 모두 기차를 뜻하는 트레인(train)에서 나왔다. 훈련과 교습이란 뜻을 지닌 트레이닝은 기차(train)에 '-ing'을 붙인 말로, 지도자가 정해진 목적지까지 사람들을 인도한다는 말이다. 트레이닝의 유의어인 코칭도 마차를 뜻하는 헝가리어 코치(coach)에서 나온 것으로, 손님이 원하는 목적지까지 편안하게 모셔다 드린다는 뜻에서 나왔다. 다만, 트레이닝이라는 말에는 엄격하고 기계적이며 일방적이라는 의미가, 코칭이란 말에는 유연하고 개인적이며 헌신적인 서비스라는 뜻이 내포되어 있다는 점이 다르다.

송도역과 수인선 모형. 인천광역시립박물관에서 연 〈수인선 두 번째 안녕〉 전시회에 사용되었다.
(사진 제공: 인천광역시립박물관)

철도의 등장은 일상생활과 지도와 언어생활에까지 영향을 준 어마어마한 사건이었으며, 지역과 역사를 지우고 백성을 시민으로 트레이닝시킨 강압적인 훈육관, 곧 근대의 트레이너였다. 그래도 수인선만큼은 다른 철도에 비해 덜 위압적인 서민들의 친근한 벗이었다.

수인선의 열여섯 번째 정거장 송도역은 1973년 7월 1일 송도-남인천 간의 궤도 5.1킬로미터가 철거되면서 20년가량 수인선 종착역의 역할을 하였다. 장손을 대신한 계자(系子)였다고 할까. 혈통을 잇기는 이었으되, 적장자가 아닌 계승자 이른바 수인선판(版)의 체이부정(體而不正)이었던 셈이다. 체이부정은 조선 후기 정치사를 뒤흔든 노론과 남인 간의 권력투쟁 '예송논쟁'의 메타포로, 우암 송시열이 인조의 뒤를 이은 효종이 적장자가 아니라는 뜻으로 사용한 정치적 수사였다.

송도역이 들어선 송도(松島)는 섬이 아닌 엄연한 내륙이었다. 그런데도 옥련동(玉蓮洞)이나 먼우금〔遠又今〕 같은 아름다운 이름을 두고 송도라는 일본식 지명으로 알려지게 된 것은 일본인들의 향수병 때문이었다. 이희환의 「먼우금, 송도로의 시공간 여행」에 잘 밝혀져 있듯, 송도 곧 '마쓰시마'란 이름은 본디 일본의 미야기현 중부 센다이만 연안에 산재한 260여 개 섬들을 총칭하는 지리명사이다. 일본인들이 일본식 지명으로 창씨개명을 할 만큼 먼우금은 매우 아름다운 곳이었다. 먼우금은 문학면에서 뱃길로는 400미터 정도지만, 개울을 따라 걸으면 지척 길을 10리쯤 돌게 되어 붙여진 이름이다. 우리식 해학과 거리의 역설을 잘 살린 시적인 이름이었다.

개발과 기억의 길항

송도가 유명해진 것은 역사(驛舍)가 들어서고, 또 1939년에 백제의 유적지가 있는 능허대 일대에 인공 해수욕장이 들어서면서부터이다. 송도 유원지 위쪽에 있는 능허대는 중국을 오가던 백제 사신의 입출국장으로, 토박이들은 이곳을 송도 조갯골이라고도 했다. 이 유서 깊은 유적지는 수인선과 해수욕장이 들어서면서 옛 자취를 완전히 잃게 된다. 송도를 해수욕장으로 꾸미기 위해 무의도에서 트럭으로 30만 대분의 모래를 실어 날라 인공 모래사장을 조성했다 하니, 이곳이야말로 한국 최초의 근대식 인공 리조트였던 셈이다.

이런 과정을 거쳐 옥련동·능허대·조갯골·먼우금은 사라져 버리고, 이곳은 관광 명소 송도로 거듭나게 된다. 근대 일본의 관광 지도 제작자로 유명한 화가 요시다 하쓰사부로(吉田初三郞, 1884~1955)가 그린 우키요에(浮世繪) 풍의 그림 〈경승의 인천〉과 〈명소교통도회〉를 보면, 송도역과 청량산 너머에 해수욕장이 조성되어 있는 것을 확인할 수 있다. 요시다 하쓰사부로는 조감도 기법으로 금강산·인천·수원 등 10여 편의 한국 관련 채색 관광 지도를 그렸으며, 총 3천여 점의 조감도를 남겼다. 비록 관광 지도지만, 지도로서 정확성은 물론이거니와 지역적 특성을 잘 드러내고 있어 놀라울 따름이다.

송도역 역사는 현재 기획사의 사무실로 사용되고 있다. 역사 주변은 신(新)수인선 전철 복선화로 옛 자취를 찾을 길이 없다. 이런 탓에, 아

일본 화가 요시다 하쓰사부로가 그린 〈경승의 인천〉 중 송도 부분

무리 이곳저곳을 배회하며 용을 써 봐도 좋은 그림과 앵글이 영 나오지 않는다.

서운한 마음도 달래고 좋은 이미지 한 컷이라도 건져 볼 요량으로, 송도역 인근의 청량산 일대와 송도 유원지 쪽으로 가 보려고 택시를 잡아탔다. 물정 모르고 열정만 넘치던 초임 강사 시절에 강의 끝나면 기분 전환을 겸하여 가끔 들렀던 고즈넉한 흥륜사(興輪寺)는 어느새 첨단 종교 타운으로 변모했고, 송도 앞바다는 신도시가 들어서 고층

옛 송도 역사. 지금은 기획사들의 사무실로 쓰이고 있다.

빌딩들로 빼곡하며 수평선 대신 인천대교가 눈앞을 가로막는다.

청량산 흥륜사는 인명(仁明) 법사로 잘 알려진 하진명 거사가 1938
년 꿈속에서 고승의 계시를 받고 옛 청량사(淸凉寺) 자리에 창건한 유
서 깊은 기도 도량이다. 흥륜사의 전신인 인명사(仁明寺)를 세운 법사
는 생전에 많은 보시와 공덕을 베풀었으며, 특히 일제강점기에 꽃을
피우지 못하고 위안부로 한 많은 생을 살다 간 조선의 젊은 넋들을 위
무하기도 했다는 미담이 그저 풍문으로 전해 내려온다.

수인선 노선의 모든 구간은 지금 개발되었거나 온통 개발의 몸살을 앓고 있다. 문명을 이어 가기 위해서 개발은 피할 수 없지만, 개발이란 말에는 우선 이맛살부터 찌푸려지고 보존에 자꾸 마음이 동하는 것을 보면 타고난 '찌질이' 품성은 어쩔 수 없나 보다. 모던과 포스트모던을 가로질러 개발로만 치닫는 물질문명의 폭주 앞에서 모질게 자기 자리를 지키고 있는 가냘픈 송도역이 대견하고 또 애처롭다. 이제, 송도를 둘러싼 괴로운 기억들은 기억하지 말고 오직 아름다운 추억들만 추억하기로 하자. 🗒

수인선의
데누망,
수인역

세 개의 이름에 담긴 역사

수인선은 드라마 같다. 아름다운 장면들과 이야기가 있고, 시작과 끝이 있다. 또, 플롯도 있다. 수원역과 수인역이 발단이자 대단원이라면, 야목역과 군자역은 전개요, 소래역은 절정이다. 해변과 소나무 숲이 일품인 송도역은 지나간 소래 포구의 풍경이 못내 아쉬운 관객을 위해서 한 차례 더 되풀이하는 유사유추 반복(pseudo-itératif)이다. 차창 밖에 펼쳐지는 파노라마들과 소설보다 더 소설 같은 이야기와 대화도 있는, 모두가 주인공이었고 모두가 관객이었던 작은 대하 드라마였다.

수인역은 사람과 사람이, 이웃과 이웃이 모여 서로 안부를 묻고 소통하며 물정과 시국을 걱정하던 작은 광장이었다. 꼬마 기차 수인선이 만든 이곳은 한동안 경기-인천의 아고라였던 셈이다. 야목리 쌀과 군자 천일염과 소래 방게와 동죽이 한데 모여 매일같이 작은 장터가 열리고,

경기도의 민심과 이야기들이 모여들던 곳. 이렇게 한 편의 이야기를 갈무리하고 또 다른 이야기가 길을 떠날 채비를 하는 수인역은 꼬마 열차가 연출한 드라마의 대단원(denouement), 곧 수인선의 데누망이다.

대동강 물이 풀린다는 우수를 앞둔 겨울의 끝자락, 신흥동 수인역을 찾았다. 수인역이 있는 '신흥동(新興洞)'은 1914년부터 화정(花町)이라 하다가 해방 후에 새롭게 발전하고 부흥하라는 뜻에서 붙인 이름이다.

인천에는 이름을 세 개나 가진 역이 두 개가 있다. 축현역·상인천역으로 불리던 동인천역과, 인천항역·남인천역으로 불리던 수인역이 그렇다. 1937년 개통 당시 수인역으로 불리다가 여주·이천 쌀과 군자·소래의 소금 수탈이라는 부설 목적이 반영되어 인천항역으로 바뀌었다. 그러다가 1946년 수인선이 국철로 흡수, 통합되면서 일제 때의 이름을 버리고 남인천역으로 개칭되었다. 그러나 승객들이 남인천역 대신 수인역으로 부르면서, 이것이 공식 이름으로 굳어지게 된 것이다.

그런데 이곳에는 열차 노선이 하나 더 있다. 1957년 9월에 착공하여 1959년 5월에 준공된 3.8킬로미터의 화물 전용 노선, 주인선이다. 주인선은 화물 운송의 편의를 위해서 인천항과 주안역 사이를 연결하던 노선이다. 이로 인해 주인선의 남부(화물)역과 구별하기 위해서 남인천항역을 수인역으로 부른 것인데, 남부역을 남인천역으로 남인천역을 수인역으로 혼동하는 작은 혼선이 빚어지기도 했다.

지금 수인역은 시외버스 9100번의 종점으로, 또 남부역은 수원-안산-인천을 오가는 직행버스의 종점으로 변해 버렸고, 주변에 몇 개의 쌀집과 기름집들만 남아 이곳이 수인역이었음을 전하고 있다. 제법 쌀

소래역 앞에서 열린 작은 장터. 수인선은 경기-인천의 아고라였다.(위)〔사진: 연합뉴스, 1992. 4. 1.〕
수인역 자리는 이제 직행버스 종점으로 바뀌었다.(아래)

쌀한 날씨였음에도 평생 지켜 온 삶의 관성으로 부천 계양에서 여기까지 기름을 짜러 찾아온 어르신 몇 분과 잠시 이야기를 나누었다.

군 입대를 앞둔 인천 장정들의 집합소인 수인역 인근 광장에서 많은 친구들을 전송했다는 쌀집 아저씨와, 그 많던 보신탕집도 부쩍 줄어들어 서운하다는 노년의 어르신과 말씀을 나누며 수인역의 옛 흔적을 찾아 분주하게 카메라에 담았다. 보신탕을 함께 나눌 친구도 많이 남지 않았고 늙어 그런지 맛도 예전만 못하다며 추운데 부지런히 사진 찍고 가라신다.

문득 88올림픽 즈음에 한국의 보신탕 문화를 신랄하게 비판하던 동물 애호가 브리지트 바르도(B. Bardo, 1934~)가 생각났다. 동물을 보호하고 살생을 막자는 주장에는 백 퍼센트 동의하지만, 과연 그가 한국의 독특한 음식 문화와 견구론(犬狗論)을 이해했더라면 이렇게 까칠한 비판을 날렸을까 하는 의문이 들었다.

'견구론'은 한국학중앙연구원 한국학대학원에 재학하던 시절 직접 들은, 한국문학계의 거목 조동일(趙東一) 교수의 오랜 지론이다. '견(犬)'은 애완견·마약탐지견·경비견처럼 뚜렷한 목적의식으로 사육한 개를, '구(狗)'는 자연 발생적으로 키우게 된 가축으로 변변한 이름조차 없던 개들을 뜻한다. 견은 식용이 될 수 없고, 오직 구만 식용의 대상이 된다는 것이 견구론의 요체다.

매주 수요일 전쟁같이 격렬한 수업이 끝나고 어쩌다 보신탕집에 들르면, 대학원생들은 두 패로 나뉜다. 명철보신(明哲保身)이란 사자성어를 차용하여 보신탕을 선택하면 '보신파'요, 삼계탕을 선택하면 '명철파'

다. 매년 복날이면 문전성시를 이루는 명철파들의 독주를 지켜보노라면, 비록 보신파는 아니었지만, 음식 문화와 취향마저 급격히 서구화하여 보신탕이 한국 사회의 하위문화로 게토화하는 것이 정녕 서운하다.

새로운 출발을 앞두고

수인선은 축소와 단축의 역사였다. 1973년 송도-수인역 간 5.1킬로미터와 1992년 소래-남동 간의 궤도 5킬로미터가 철거되었고, 1994년에는 한양대(일리역)-소래 간 운행이 정지되었다. 수원과 한양대 사이를 오가던 수인선은 1995년 12월 31일의 운행을 끝으로 역사 속으로 사라졌다. 이제 수인선의 대강을 간단하게 짚고 정리하는 것으로, 수인선 여행을 종착역 수인역에서 마무리하고자 한다.

수인선은 1937년 7월 19에 개통되어 8월 6일부터 운행을 시작하여 1995년 12월 31일까지 58년 동안 수원과 인천 사이를 왕복하던 중부 내륙 철도였다. 수원에서 서북으로 화성·시흥·안산·인천을 잇던 궤간 762밀리미터의 단선 협궤열차로, 전장은 52.8킬로미터였다. 개통 당시에는 임시 정거장을 포함하여 열일곱 개의 역이 있었으며, 도보로 11시간이 걸리던 수원-인천 간 이동 시간을 1시간 40분으로 단축하였다. 원래 다나카 조지로가 사장으로 있던 경동철도회사가 부설한 사설 철도였으나, 해방 후 국철로 편입되었다. 초창기에는 혀기 등 증기 기관차가 운행되었지만, 1977년 9월 1일부터 디젤동차가 도입되었다. 대표적인 서민 열차로서 서해안과 경기 내륙 지역민들의 발 노릇을 다

마지막 운행을 하루 앞둔 수인선 협궤열차의 모습(사진: 연합뉴스. 1995. 12. 30.)

하였으나, 1976~1977년에 걸쳐 인천-수원을 잇는 국도 42호선 포장
사업이 완료되면서 교통수단으로서의 기능이 크게 위축되고, 결국 폐
선되었다.

"하나로 시작되었으나 하나로 시작된 바 없다, 하나로 끝났으나 하
나로 끝난 바 없다(一始無始一 一終無終一)"는 『천부경』의 한 구절대로
세상사 모두 시작이 있으면 반드시 끝이 있고, 끝이 있으면 또 다른 시
작이 있는 법. 이제 수인선이 끝나자 또 다른 수인선이 시작되려 한다.
경기 네트워크의 데빠르(départ) 수인선은, 계속된다. 🖋

- 기억과 추억 사이 — 철도박물관에 가다

- 『대륙 횡단 철도』를 읽다

남기고 싶은
이야기

문명사적 진보를 이룩해야 할 책임이

철도에 있는 것은 아니지만,

그래도 철도가 지역과 국민국가의 한계와

위계를 넘어서 세계와 인류를

대동(大同) 세계로 묶어 내는

견인차가 되었으면 하는 희망을 품어 본다.

철도는
문화다

이면사와 문화의 관점으로 보는 철도

철도와 문화의 조합은 아직은 살짝 낯설다. 철도는 교통수단이며 기계일 따름이지, 문화라는 생각은 들지 않기 때문이다. 우리의 머릿속에서 철도는 대체로 희뿌연 증기를 내뿜으며 질주하는 기관차, 통근 열차와 수도권 전철, MT 갈 때 타던 경춘선 등 몇 개의 이미지로 고착돼 있다.

"할아버지의 시대는 경제를, 아버지의 시대는 정치를, 그리고 자식의 시대가 되면 문화를 생각한다"는 토마스 만(Thomas Mann, 1875~1955)의 말대로, 우리도 어느새 경제개발 시대와 민주화 운동 시대를 거쳐 문화 시대를 맞이하였다. 당연한 말이다. 맹자의 말대로 항산(恒産)이 있어야 항심(恒心)이 생기고, 먹고살 만해야 삶의 여유와 마음의 풍요에 대해 고민하게 되는 것이다. 레포츠·한류·문화 콘텐츠산업 등 문화 담론들이 차고 넘치는 이 문화의 세기에 철도 문화란 무엇이고, 어떤 문화가 필요한지 생각해 보게 된다.

문화는 수많은 정의를 지닌 악명 높은 개념이다. 문화가 농업과 경작에서 파생되었다는 어원학적 설명에서 '삶의 총체적 양식(the whole way of life)'라는 문화유물론의 명제에 이르기까지, 그 정의만 해도 200여 개가 넘는다. 요리에 대한 백 마디 말이 단 한 번 시식에 미치지 못하는 것처럼, 문화에 대한 수백 마디의 설명보다 직접 피부에 와 닿는 생활 속의 사례가 있어야 할 터이다. 패션 문화가 한 예가 될 수 있을 것이다. 예를 들어, 번잡하고 불편한 속옷들로부터 20세기 여성들을 해방시켜 주고 그들에게 몸의 자유와 아름다움을 선사한 가브리엘 샤넬의 새로운 패션 문화야말로 여권신장에 기여한 생활 혁명의 사례라 할 수 있다. 이제는 그 선구성과 역사성은 없고 그저 고가의 브랜드로만 남게된 것은 안타까운 일이지만.

철도의 등장은 여행 문화와 패턴을 바꾸었을 뿐 아니라 자연에 속박되어 있던 인류의 시간과 공간 개념을 일거에 뒤흔든 일대 사건이었다. 특히 범선과 무역이 주도하던 상업 자본주의와 해양 교통 시대를 마감하고 육상 교통 시대와 산업 자본주의 시대로 역사의 패러다임을 바꾼견인차가 바로 철도였기 때문이다. 철도를 역사학이 아닌 이면사와 문화의 관점에서 볼 필요가 바로 여기에 있다. 자칫 문화적 근시가 될 수도 있기 때문이다.

철도는 문화이다. 우선, 빼어난 건축미를 자랑하는 런던역·암스테르담 중앙역·도쿄역 등 세계의 철도역들을 꼽을 수 있다. 또, 세계 최초의 증기기관차인 리처드 트레비식(Richard Trevithic, 1771~1833)의 페니다렌 호를 비롯하여, 리버풀-맨체스터 사이를 오가며 최초로 철도 상용

빼어난 건축미를 자랑하는 영국 런던의 빅토리아 역. 철도는 문화다.

(사진: Wikimedia Commons, by Ewan Munro ⓐⓞ)

화의 전범이 된 조지 스티븐슨(George Stephenson, 1781~1848)의 로켓
호, 증기기관차로서 세계 최고 속도 기록을 가진 마라드 호 등 철도사
를 장식한 다양한 차종들과 그 디자인이 그러하다. 이 중에서 페니다렌
호는 1808년 '누구든 잡을 테면 잡아 보세요(Catch me who can)'라는

스티븐슨이 만든 기관차 로켓 호(사진: Wikimedia Commons, by Svein Sando ⓘ◎)

재미있는 이름의 기차로 개량되었으나 세계 최초의 열차 탈선 사고를 냈다는 오명을 남기고 결국 박물관으로 퇴출당했다.

문화의 시대와 우리 철도 문화의 현주소

경인선으로 시작된 한국 철도 역시 독특한 철도 문화를 가지고 있었다. 미국에서 도입된 각종 기관차들이 있었고, 유럽풍의 서울역을 비롯하여 근대 건축의 발달 과정을 잘 보여 주는 지방의 간이역들이 있었다. 기관차의 경우, 우리나라에서 최초로 운행된 모갈(1898)을 비롯하여 터우(1907), 1920년에는 미카와 파시 등이 도입·운영되었다. 또, 부산-봉천 간 특별급행 히카리(1933)와 경부선 특급열차 아카쓰키(1936), 그리고 우리 손으로 영등포 공장에서 처음으로 제작한 조선해방자호(1945) 등도 각별히 눈길을 끈다. 그런가 하면, 서울-부산 간 직통열차 융희호(1908)는 순종 황제의 연호를 따라 상행선을 '융(隆)', 하행선을 '희(熙)'라고 구별해 부르는 독특한 작명법을 보여 주었다.

『한국 철도 100년사』(1999)나 『철도 주요 연표』(2002) 등의 문헌들의 이면을 살펴보면, 타율적으로 맞이한 철도의 역사에 대한 열패감과 어떻게든 이를 정당화하거나 객관화하려는 민족주의 같은 정치적 무의식이 깔려 있음이 엿보인다. 조선해방자호에 대한 특별한 강조라든지 한국인 철도 사업가 박기종(1839~1907)에 대한 과도한 평가 등이 한 예다.

박기종은 근대사의 중요 인물임이 분명하다. 그는 철도 부설에 대한 의지가 드높아 1899년 왕족인 이재순과 함께 '부하(釜下)철도회사'를 설립하기도 하였다. 부하철도회사는 부산과 하단포를 연결하는 철도 부설 사업에 집중하였기에 붙은 이름이다. 분명 애국심의 발로이기는 했지만, 바람막이로 왕족을 끌어들이고 1876년 병자조약 당시 일본어 통역관으로 참여한 인연을 활용하여 일본인들과 친분을 넓히고 이를 바탕으로 석유와 광목 치마를 팔아 큰 성공을 거둔 것을 보면, 그는 사업적 수완이 뛰어났던 기업가였다. 철도를 문화의 코드로 읽고, 이면을 꼼꼼히 살펴야 하는 이유가 바로 여기에 있다. 우리 철도사의 안팎을 잘 아울러 볼 수 있도록 해 주기 때문이다.

문화가 빈약한 한국의 철도역.(위) 방치된 수인선 선로와 건널목 시설물들.(아래)

이 관점에서 보면 한국 철도 문화는 많이 아쉽다. 붕어빵처럼 천편일률적이고 획일적이어서 심미적 지루함을 안겨 주는 한국의 철도역들, 특히 빈약한 수도권 전철 역사(驛舍)들이 그렇다. 지역성이나 역사성에 대한 건축학적 배려 없이 경제성과 편리성 등만을 앞세우는 수준 낮은 실용주의의 산물인 그들은 성장과 개발의 기치를 높이 치켜들고 그저 앞으로만 내달려 온 압축 고도성장의 문제가 무엇인지 적나라하게 보여 준다. 문화의 세기라는 21세기인 지금도 우리에게 철도는 여전히 문화가 아닌 교통수단일 따름이다.

한국 철도의 서막을 연 경인선, 그리고 경기 네트워크의 원조인 수여선과 수인선에 대한 문화적 배려는 크게 미흡하다. 한국 근대사의 유산이라 할 수 있는 수원역의 수인선 급수탑·고색동 협궤 노선·야목역 역사·고잔역 협궤 잔선·송도역 역사 등 젊은 근대문화유산들에 대해서 이렇다 할 보호 조치도 없고 안내판이나 표석 하나 없다. 물론 수원역 인근에 수인선 세류공원이 조성되어 있고 고잔역과 소래역 주변에 야외 공원을 만들고 기차 등을 전시해 두기는 하지만, 이 아름다운 소래포구에 고층 아파트 건축을 허가해 주는 것을 보면 우리 문화의식은 아직도 갈 길이 멀었다.

우리가 살고 있는 지금은 문화의 시대다. 항산이 항심과 문화를 만드는 것이 아니라, 오히려 문화가 항심과 항산을 만들어 내는 시대다. 문화 마인드가 절실하다. 철도는 문화다.

경인선의 이모저모

경인철도 기공식의 수수께끼

"걸음이 문제를 해결한다."

아우구스투스의 말이다. 초대 황제로서 제정 로마 시대를 열고 자신이 태어난 8월에 오거스트란 이름을 붙인 절대 권력 아우구스투스만큼 걷기의 효용과 위력을 날카롭게 꿰뚫어 본 이도 드물다. 걷기는 가장 완벽한 운동으로, 신진대사를 돕고 두뇌에도 좋은 최고의 건뇌술(健腦術)이라 한다. 모든 문제들로부터 일정한 거리와 심리적 간격을 만들어 냄으로써 통찰력과 지혜와 여유를 얻을 수 있게 해 준다. 불교의 행선(行禪)과 장자의 소요유(逍遙遊), 동산을 산책하면서 강의한 데서 유래한 아리스토텔레스의 소요학파(peripatein), 루소의 고독한 산책자와 소설가 박태원의 구보 등 유명 학파와 작가들이 모두 걷기와 관련 있다.

경인선을 화제의 중심에 올려놓고 목적지가 정해지지 않은 '걷기'를 해 보자. 주요 거점 역들을 중심으로 경인선과 수인선의 어제와 오늘을 짚어 보는 공간이동 방식에서 벗어나, 대략의 흐름만 유지한 채 자유기

술 화법으로 아직까지 잘 알려지지 않은 경인선의 이모저모를 살펴보는 것이다.

한국 최초의 철도가 경인선이고, '철도의 날'이 경인선 개통식이 열린 1899년 9월 18일에서 유래했다는 것은 비교적 널리 알려진 상식이다.

그렇다면 경인선 철도의 기공식이 거행된 곳은 어디인가? 우각리, 지금의 수도권 전철 1호선 도원역 근방이다.

그러면 경인선 철도 부설권을 획득한 장사꾼 제임스 모스가 1897년 3월 22일 다른 장소도 아닌 우각리에서 전격적으로 기공식을 거행한 이유는 무엇이었을까? 기존의 철도사와 연구서에서는 이에 대한 설명이나 해명 없이 그저 우연적인 일로 자연스럽게 받아들이고 있다. 이 의문은 우연한 산책길에 얻은 생각 하나에서 풀려 나갔다. 한국 철도사, 특히 경인선과 수인선을 산책의 의제로 삼고, 동네 공원과 천변을 거닐던 중 문득 의왕의 철도박물관이 떠올랐다. 글이 앞으로 나아가지 못하던 날, 내친김에 한국철도박물관을 찾았다.

한 지상파 방송국과 긴 인터뷰를 마치고 돌아온 손길신 관장님을 만났다. 저간의 사정을 이야기하고, 명함과 함께 졸저를 드렸더니 『앵글에 비친 그 시절』(2009)이라는, 한국박물관 100주년 및 한국 철도 110주년 기념 특별전을 기념해 만든 소책자를 건네주신다.

『앵글에 비친 그 시절』에 의하면, 경인선 인천역의 원래 위치는 답동이었으나 역사 예정 부지의 지주인 일본인의 반대에 부딪혀 인천역의 위치를 바꾸어 설계하게 되었다는 것이다. 부설권을 받은 1896년 3월 29일부터 1년 이내에 공사를 시작해야 한다는 계약 조건에 따라, 모스는 인천역의 위치가 정해지지도 않은 상태에서 우선 역사와 노선이 확정된 우각리에서 기공식을 할 수밖에 없었다는 것이다. 이러한 사실은 미국 휘트워스 대학에서 정치·역사학을 가르치고 있는 노먼 소프(Norman Thorpe) 교수의 소장 자료들을 통해서 확인되었다. 그리고 한

가지 덧붙이면, 초창기 경인선 철도 기차표에 잘 나와 있듯이 인천역이 영어로는 제물포(Chemulpo)로 표기되었고, 실제로도 제물포역으로 불렸다는 점이다. 그 밖에 축현역은 싸릿재(Saalijy), 우각동은 소뿔(Sopple), 오류동은 오릿골(Oricle), 노량진은 노들(Nodd)로 표기되어 있었음을 알 수 있다.

	仁 川			Chemulpo		
〇	杻 峴			Saalijy		〇
一	牛 角 洞			Sopple		一
二	富 平			Poopyong		二
三	素 砂			Sosha		三
四	梧 柳 洞			Oricle		四
五	永 登 浦			Yongtongpa		五
六	鷺 梁 津			Nodd		六
七	龍 山			Yungsan		七
八	南 大 門			South gale		八
九	京 城			Seoul		九

소책자 『앵글에 비친 그 시절』에 실린
경인철도 초기의 승차권

걸으니 길이 열린다

한편, 한국 철도의 발상지 인천에서 비롯한 재미있는 속어도 전해 온다. '노가다'란 말이 그러하다. 흔히 공사 현장에서 일용직으로 일하는 것을 '노가다'라고 한다. 이 말은 경인선 부설 당시에 침목 등을 목도로 운반할 때 사고를 막고 현장 인부들 사이에 호흡을 맞추기 위해서 만든 구령, '도가타'에서 왔다. '가타(かた)'는 모양과 덩치를, '도(都)'는 우두머리 또는 으뜸을 뜻하였다. 작업반장이 "도(으뜸)!"라고 구령을 붙이면, 목도꾼들이 "가타(덩치)"라고 후렴을 붙이면서 침목과 레일을 들어 날랐다는 것이다. 노가다라는 말은 이처럼 '덩치 좋다'라는 뜻을 가진, 다소 우스꽝스럽고 모멸적인, 그리고 조금은 코믹한 구령이었다. 그 뒤로 공사 현장에서 일하는 것을 노가다라고 부르는 관

행이 생겨났다. 이렇듯, 경인선은 고단한 토목공사에 동원된 이름 없는 우리 조상들의 피와 땀이 밴 노동의 현장이기도 했다.

그런가 하면, 사소하지만 꼭 기억할 필요가 있는 작은 문화적 사건들도 있다. 1965년 9월 18일 경인선이 단선 시대를 마감하고 주안역과 영등포역 간 복선으로 태어났다. 철도청에서 발행하는 잡지《철도》의 1965년 9월호에 보면 경인선 복선 개통을 축하하는 미당 서정주 (1915~2000)의 축시 〈경인선 복선 개통의 날에〉가 실려 있다. 축시라는 한계로 인해 완성도가 떨어지고 미당 작품 세계 연구에 별다른 도움도 되지 않는 평범한 작품이지만, 철도사와 관련하여 잠깐 기억할 필요가 있겠다. 경인선 복선 개통은 당시에는 일급 시인을 동원하여 축하할 만

경인선 복선 한강철교 개통식 때의 한 장면(사진: 한국철도박물관)

큼 큰 국가적 역사(役事)였던 것이다.

또, 같은 잡지 1969년 5월호에는 만화 '꺼벙이'로 한국 명랑만화의 새 지평을 개척한 길창덕(1930~2010) 화백의 〈경인선, 경원선 복선공사 작업 현장〉이라는 만화 르포가 간략한 공사 진행 현황에 관한 설명과 만화적 삽화가 어우러진 형식으로 실려 있다. 예나 지금이나 철도 부설은 생활의 패러다임을 바꾸는 큰일이었으며, 생각지도 못한 자잘한 문화적 이벤트들을 만들어 내는 문화사이기도 했던 것이다.

글감옥에서 나와 걷다 보니 막혔던 생각의 길이 열리고, 원고가 풀리고, 또 인생이 풀린다. 사실, 요즘 우리는 너무 걷지 않아서 문제다. 철도의 등장으로 걷는 문화와 패턴이 크게 요동쳤고, 교통수단이 발달하면서 이제 걷는 일은 자연스런 일이 아니라 시간을 내고 작정해야 하는 부자연스러운 일이 되었다. 편리와 이익과 스피드만 좇는 이 고유가 시대, 걷기를 통해서 건강도 챙기고 환경도 챙기고 내가 나와 만나 하나가 되는 시간을 가져 보는 것은 어떨까. 걸으니 길이 열린다. 어쩌면, 정말 아우구스투스의 말대로 걸음이 모든 문제를 해결해 줄 수 있을는지도 모른다. 📝

탐정소설과
철도

신생 장르문학의 인큐베이터

　　철도가 도시와 도시를 연결하고 국경을 허물면서 육
상 교통의 총아로 떠오르던 19세기 중반 미국. "아메리칸 드림은 인류
의 악몽(nightmare)"이라고 부르짖던 괴이한 작가가 특이한 소설 한 편
을 발표한다. 그리고 이런 형식의 소설은 철도 레일을 따라 미국 전체
로, 세계로 퍼져 나갔다. 1841년에 발표된 세계 최초의 탐정소설, 에드
거 앨런 포(1809~1849)의 단편 「모르그 가의 살인 사건」 이야기다.

　소설과 신문과 잡지 등이 미디어의 중심에 서는 일은 인쇄 산업의 발
달과 철도와 같은 전국적 네트워크가 있었기에 가능했다. 세계를 단일
한 네트워크로 묶어 내고 시공의 단축이라는 놀라운 생활 혁명을 이룩
한 철도지만 단점도 적지 않았다. 바로 권태와 지루함이었다. 장거리
승객들은 편리함을 얻은 대신 긴 열차 여행이 주는 단조로움과 지루함
에 직면해야 했다. 그런 지루함과 단조로움을 재빨리 산업화하여 상업
적으로 성공을 거둔 장르가 추리소설이다. 정교한 논리로 퍼즐을 깔끔

하게 해결하는 범죄와 추리 이야기에 승객들은 열광했다. 탐정소설이
철도 문학으로 연착륙하는 순간이었다. 철도는 추리소설 같은 신생 장
르문학들의 인큐베이터였다.

추리소설은 많은 하위 장르들과 별명들을 가지고 있다. 탐정소설·경
찰소설·미스터리·하드보일드·스파이 소설 등등. 복잡한 설명들은 처
내고 간단히 말하면, 탐정소설은 영국과 미국에서, 그리고 경찰소설은
프랑스에서 주로 사용되는 용어다. 터프한 탐정이 등장하는 하드보일
드와 냉전 시대를 반영하는 스파이 소설은 추리소설 장르가 현대에 와
서 분화·발전한 것이다. 현대에 들어와 워낙 다양하고 복잡한 형식의
이야기들이 많이 출현하자, 이들 장르를 통칭하는 이름으로 미스터리
혹은 추리소설이 쓰인다. 참고로,
근대 이후에 사용하는 우리 근대
어의 대부분이 그렇듯 탐정소설은
디텍티브 픽션(detective fiction)의,
추리소설은 미스터리(mystery)의
일본식 번역어를 차용한 것이다.

우리의 토종 추리소설은 포의 작
품보다 꼭 67년 늦은 1908년에 출
현하였다. 한글 신문《제국신문》에
연재된 이해조의 『쌍옥적』이 그것
이다. 아쉽게도 신소설과 로맨스
소설의 구태에서 완전히 벗어나지

추리소설의 여왕
애거사 크리스티를 기리는 기념 명판
(사진: Wikimedia Commons, by Violetrga ⊕◎)

는 못했지만, 근대적 경찰의 맹아라 할 순검들이 사건 해결의 주체로 등장한다. 이 최초의 한국 추리소설이 시작되는 작품무대가 바로 한국 철도의 효시인 경인선이었다.

철도는 이후 유명한 추리소설과 문학작품의 무대로 등장하였으며, 시인의 영감을 자극하고 젊은이들의 낭만적 충동을 일깨우는 현대판 뮤즈가 된다. 탐정의 대명사가 되다시피 한 셜록 홈스의 호적수로서 그를 위기에 몰아넣는 모리아티 교수와의 박진감 넘치는 추격전이 급행열차를 매개로 전개되기도 한다.

한국판 『오리엔트 특급 살인』을 기다리며

그러나 철도 문학으로서 추리소설의 백미는 단연 애거사 크리스티(Agatha Christie, 1890~1976)가 1934년에 발표한 『오리엔트 특급 살인』이다. 절묘한 반전과 트릭이 돋보이는 이 작품의 핵심 모티프는 인과응보와 밀실 트릭, 혹은 폭설에 갇힌 특급 대륙 횡단 열차이다. 오리엔트 특급열차는 1883년에 운행을 시작하면서 유명세를 탔으나 지난 2009년 12월 12일 126년 만에 운행이 중단되었다.

시리아 알레포에서 터키의 앙카라를 거쳐 프랑스 칼레를 연결하는 오리엔트 특급열차가 발칸반도에서 폭설로 멈추어 선다. 주인공 에르퀼 푸아로(Hercule Poirot)를 포함한 14명의 승객은 거대한 밀실로 변하여 아무도 나갈 수도 들어올 수도 없는 공간에서 느닷없는 살인사건에 직면하게 된다. 희생자 래체트는 흉악한 범죄자로, 본명은 카세티다. 범인은 승객 중 한 사람 혹은 복수의 인물일 것으로 추정되며, 승객들 모두 확실한 알리바이를 갖고 있다.

작품은 범인이 누구인지를 밝혀내는 전형적인 후더닛(whodunit, who done it의 약어)이다. 무관이 유관, 즉 아무런 관련이 없다는 것이 깊은 관련이 있는 것이고 아무런 단서가 없다는 것이 단서라는 추리소설의 패러독스를 잘 구현하고 있다. 희생자의 몸에 난, 제각각인 12개의 자상(刺傷)은 범인이 누구인지를 보여 주는 결정적인 증거이다. 푸아로는 자신과 희생자를 뺀 12명의 승객 전원이 모두 공범이며, 이들은 수년 전 래체트에 의해 저질러진 소녀 데이지 암스트롱 유괴 사건과 관련 있는 사람들이었음을 밝혀낸다. 이 12명은 법이 단죄하지 못한 반인륜적 범죄를 단죄하는 배심원이었던 셈이다. 불의에 맞서 떨쳐 일어난 의로운 범인(?)들의 순수한 복수에 푸아로는 미제 사건으로 마무리한다.

이 작품은 정교한 플롯과 고품격 스토리로 출간 즉시 세간의 화제가 되었으며, 1974년에는 범죄 스토리에 일가견을 가진 감독 시드니 루멧(Sidney Lumet)에 의해 영화로 만들어지기도 했다. 까까머리 중학교 3학년 시절, 막내 삼촌이 사온 문고본으로 이 작품을 읽고 매료되어 침대칸 열차를 타고 대륙을 여행하는 로망을 가슴에 품게 되었고, 결국 그 로망이 추리소설을 연구하여 박사 학위를 받게 되는 계기가 되었다.

배불뚝이 땅딸보에 팔자수염을 기른 전직 벨기에 경찰 에르퀼 푸아로는 괴팍스런 인물이다. 에르퀼의 다른 이름은 헤라클레스이다. 덴마크가 낳은 세계적인 동화 작가 안데르센의 영어식 발음이 앤더슨(Anderson)인 것처럼, 에르퀼의 영어식 발음은 헤라클레스인 것이다.

터키 에디르네 시의 야외에 전시된 오리엔트 특급열차.
여러 종류의 오리엔트 특급 중 하나이다. (사진: Wikimedia Commons, by Piotr Tysarczyk ⓘⓘ)

그 이름 그대로, 푸아로는 현대의 헤라클레스이다. 그를 천하무적 헤라
클레스로 만들어 준 것은 근육의 힘이 아니라 합리적 이성이다. 이성이
야말로 최고의 천하장사, 곧 근대사회의 헤라클레스이니, 애거사 크리
스티의 작명술은 참으로 절묘하고 또 익살스럽다.

작품을 다시 읽노라니 드넓은 대륙을 질주하는 열차 로망이 부럽다. 부산에서 출발하여 서울과 평양을 거쳐 베이징과 모스크바로 질주하는 대륙 열차가 없어서인가. 한국 추리소설 100년사, 한국 철도 100년사를 훌쩍 넘기고도 우리는 아직 이런 근사한 추리소설 하나 탄생시키지 못했다. 한국발 초고속 대륙 횡단 열차가 실크로드를 가로질러 유럽까지 거침없이 질주하는 평화의 대동 세계를 꿈꾸어 본다. 우리 철도가 가까운 미래에 꼭 이런 근사한 대(大)로망을 쓸 수 있기를 고대한다.

기억과
추억 사이
─철도박물관에
가다

한국 철도에 관한 기억의 저장고

기억이란 무엇인가? 뇌과학의 관점에서 이는 기억을 관장하는 중추인 해마의 작용이거나 뉴런들 간의 연결 방식 같은 세포와 신경전달물질의 작동이겠지만, 인문학의 관점에서 그것은 인간의 정체성과 관련된 핵심 사안이다. 예를 들어, 어린 시절의 '나'와 성인이 된 이후의 '나'는 분명 같지 않다. 아니, 같기도 하고 다르기도 하다. 이 같기도 하도 다르기도 한 나를 하나로 연결하여 '나'라는 동일성에 대한 감각, 곧 '정체성'을 만들어 내는 것이 바로 기억이다. 인간을 기억하는 존재(Homo Memorius)로 보는 근거가 여기에 있다.

그러나 기억은 균질적이지 않고, 불친절하며, 또한 정치적이다. 같은 사건도 사람에 따라 다르게 기억되어 심각한 갈등을 빚는가 하면, 관계를 돈독하게 만들어 주기도 한다. 때로 나치즘, 한국전쟁, 5·18민주화

운동 등 특정한 역사적 사건에 대한 집단기억은 투표나 선거에 결정적 영향을 끼치는 요인으로 작용하기도 한다. 문학이 기억을 예술화하고 역사는 기록하는 반면, 박물관은 기억을 보관하고 전시한다.

꽃샘추위가 물러가고 봄기운이 완연한 어느 날 오후. 한국 철도에 대한 기억의 저장고, 의왕시 월암동의 한국철도박물관으로 향한다. 이곳 1호선 의왕역(옛 부곡역)에는 한국철도대학·철도기술연구원·화물터미널·철도박물관 등이 들어서 있으니 가히 철도 타운이다.

그런데 철도 타운의 원조는 사실은 인천이었다. 한국 철도사의 서막을 연 경인선을 비롯하여 철도 관련 전문 인력을 키워 낸 최초의 교육기관인 철도요원양성소가 1905년 5월 28일 제물포에 세워졌기 때문이다.

한국철도박물관 전경

이것이 1907년 11월 8일 용산으로 옮겨 갔고 종내에는 철도종사원교습소로, 경성철도학교로 발전하면서 결국 현재의 한국철도대학으로 발전하였으니, 경인선(제물포)은 한국철도교육의 산실이기도 했던 것이다.

우리는 기억한다, 고로 존재한다

철도를 대상으로 했으니만큼 철도박물관이 딱딱하고 재미없을 것 같다는 생각은 오해다. 오히려 이곳은 내 안의 '어린이'를 일깨우는 추억의 사진첩이요, 그때 그 시절을 적적성성(寂寂惺惺)하게 기억하고 있는 살아 있는 역사에 가깝다.

평일 오후라 박물관은 한산했다. 유치원생 아이들을 동반한 가족들과 동창생들로 보이는 지긋한 어르신들이 전시실의 소장품들을 보며 한창 이야기의 꽃을 피운다. 이곳에는 벌써 이야기꽃으로 가득한 이른 봄이 찾아왔다.

철도박물관은 1988년 1월 26일 개관했으니 갓 성인이 된 젊은 박물관이다. 젊은 박물관이라 하나 오지랖이 넓다. 28,082제곱미터(약 8,500평)에 이르는 널찍한 옥외 및 옥내 전시장에 1만 점을 상회하는 유물을 소장하고 있다. 등록문화재인 증기기관차 파시 23호·협궤 증기기관차 혀기 13호·대통령 전용 객차 등 철도사를 장식한 볼거리들로 가득하다. 특히 경인선 설계 도면과 당시의 기차표 등 희귀 자료 및 용품들 그리고 '장적일성철마질주(長笛一聲鐵馬疾走)'라는 JP의 한국 철도 100주년 기념 휘호에 이르기까지 세심하게 살피고 뜯어보아야 할 이색적인 유물들이 관람객의 눈길을 붙잡는다.

소장 유물들의 숫자만큼이나 재미있고 뭉클한 사연들도 많다. 지난 2009년 12월 철도박물관에 난데없이 황소 한 마리가 들어왔다. 1951년 한국전쟁에 참전했던 청년 잭 올드리치(Jack Aldrich)는 1953년 귀국 길에 황동 황소상 하나를 기념품으로 구입해 간다. 그것은 2010년 12월 우리네 가슴에 수많은 추억을 남기고 역사 속으로 퇴장한 경춘선 관련 유물로서, 1926년 경춘선기성조합 결성 기념으로 춘천번영회가 제작한 기념물이었다. 그런데 그것이 한국 철도사의 중요한 기념물임을 알게 된 팀 올드리치(Tim Aldrich)가 아버지의 소장품을 박물관에 기증한 것이다. 이것이 철도박물관에 황소가 전시되어 있는 사연이다.

이뿐이랴. 1937년 일본에서 제작되어 수여선과 수인선에 투입되어 운행된, 세계적으로도 희귀한 텐더식 협궤용 증기기관차 혀기 13호를 비롯하여 대한제국 시대에 사용되던 일종의 열차 운행 허가증인 철도 통표도 눈에 들어온다. 5점의 통표 가운데 '경인선 572'는 1899년 경인선 개통 당시에 역장과 기관사가 주고받던 희귀 유물이다. 또, 1897년 미국 일리노이 주의 스틸 사에서 제작된 것으로 한국 최초의 철도 경인선에 깔렸던 레일도 전시되어 있다.

재미있는 사연을 안고 있는 황소 기념물

전시실을 둘러보고 손길신 철도박물관 관장님을 만났다.

철도박물관에 전시된 '파시' 형 증기기관차

1시간 넘게 이어진 대화에서 그동안 공식화되지 못했던 철도사의 이면에 관한 많은 이야기를 접하였다. 표준궤, 곧 스티븐슨 게이지(Stephenson Gauge)라고 하는 1,435밀리미터 레일 궤간은 정확히 말하면 스티븐슨의 발명품이 아니라 종래의 마찻길 사이즈였다. 말이 끌던 나무 레일을 강철 레일과 증기기관차로 바꾼 것이다. 결국 이 마찻길 레일에 맞추어 스티븐슨이 증기기관차를 만든 것이다. 현재 통용되고 있는 국제적인 표준궤의 원조는 스티븐슨이 아니라 영국 고유의 마찻길이었던 셈이다.

이와 함께 그동안 거론되기 어려웠던 한국 철도사에 관한 불편한 진실도 전해져 온다. '철도의 날' 제정에 관한 것이다. 철도의 날이 경인선이 개통된 9월 18일을 따서 제정되었다는 것은 잘 알려진 사실이다. 그런데 9월 18일이 철도의 날로 가장 먼저 제정·공표된 것은 태평양전쟁이 한창이던 1940년대 초엽 조선총독부 철도국에 의해서였다. 요컨대 태평양전쟁 때 철도원들의 기강 확립을 위해서 적당한 날짜를 찾다가 결국 경인선 개통식 날을 철도국 기념일로 제정하고 이날 신사참배를 함께 강행하였다는 것이다. 1965년 우리 손으로 제정한 현행 철도의 날보다 훨씬 앞서 일제에 의해 9월 18일이 철도의 날로 시행되고 있었던 것이다.

백문불여일견이라더니, 과연 박물관 체험은 책상 앞에 앉아 책을 파는 문자 공부의 한계를 산 공부로 보완해 준다. 부지런히 뛰어다니다 보니 지나간 과거가 생생한 현재로 되살아난다. 새 봄, 의미 있는 추억과 기억을 만들기 위해 가족과 함께 박물관을 찾는 것도 좋을 듯하다.

추억이 부족한 삶은 얼마나 가난한가. 풍요로운 삶을 위해 아름답고 좋은 기억을 만들자.

"우리는 기억한다, 고로 존재한다."

『대륙 횡단 철도』를 읽다

미국 철도 건설사의 교훈

       경인선이 한국 철도사를 열고 이끌었다면, 대륙 횡단 철도는 미국 근대사의 견인차라 할 수 있다. 여기 생생한 기록이 있다. 스티븐 앰브로즈(Stephen E. Ambrose)의 『대륙 횡단 철도』(손원재 옮김, 청아출판사. 이하 『대륙』으로 약칭)가 그것이다. 한마디로 『대륙』은 남성적 문체와 감각으로 철도라는 렌즈를 통해서 미국 근대사를 바라본 책이다. '남성적인'이라는 과감한 수식어를 덧붙이지 않을 수 없을 정도로 이 책에는 저자의 굵은 땀방울과, 온갖 역경을 묵묵히 감내했던 철도 건설자들의 열정이 짙게 배어 있다. 이처럼 『대륙』은 오직 강인한 신념과 불굴의 도전 정신 하나만으로 그 누구도 가능하리라 생각하지 않았던 일을, 또한 아무도 가지 않았던 길을 헤쳐 나갔던 이들의 이야기를 그린 휴먼 드라마이다. 또한 미국이 어떻게, 또 어떤 과정을 거쳐서 세계 유일의 초강대국으로 역사의 전면에 부상하게 되었는가를 자연스럽게 알게 해 주는 훌륭한 참고 도서이기도 하다.

『대륙』은 1859년 8월 13일 철도 건설의 핵심 인물이었던 그렌빌 도지와 미국식 민주주의 발전에 초석을 놓았던 에이브러햄 링컨의 역사적인 첫 만남 장면을 묘사하면서 시작된다. 내공이 강한 고수들끼리는 서로 눈빛만 봐도 알아보는 법이라 했던가. 당시의 기술력과 정치·경제적 정황으로는 도저히 상상할 수도 없는 불가능한 일을 추진해 보자는 28세의 청년 도지의 과감한 제안을 선뜻 받아들이는 링컨의 모습에서는 탁월한 식견과 비전을 지닌 대정치가의 풍모가 느껴진다. 이런 품성과 리더십을 지니고 있었기에 링컨이 지도자 링컨으로 거듭날 수 있었으리라.

미국 철도사의 운명을 결정지은 세기의 만남이 이루어진 뒤 링컨은 1862년 7월 1일 '퍼시픽 철도 법안'에 서명했고, 드디어 캘리포니아의 새크라멘토와 아이오와의 오마하 사이를 횡단하는 미증유의 대역사(大歷史)가 시작된다. 이 대역사(大役事)에는 '센트럴 퍼시픽 레일로드'와 '유니온 퍼시픽 레일로드'라는 두 회사가 경쟁적으로 참여하는데, 전자는 새크라멘토를, 후자는 오마하를 기점으로 하여 철도 건설 사업에 뛰어들게 된다. 따라서 두 회사 사이에 서로 더 긴 구간을 확보하려는 경쟁이 치열하게 벌어질 수밖에 없었다. 이 갈등을 해소하기 위해 1869년 5월 10일 두 회사 관계자들이 유타의 프로몬토리에서 만나 두 선로를 연결하는 '골든 스파이크'를 박고 대타협과 공조를 이끌어 냄으로써 세계 최초의, 아니 세계 최대의 대륙 횡단 철도가 완공되기에 이른다. 그 후 동부·중서부와 태평양 연안이 철도로 연결되고, 금광을 찾아 서부로 향하던 골드러시와 맞물리면서 태평양 연안의 도시들이 눈부시게 발전하게 된다.

발로 뛰어다니며 자료를 모으고 수집하여 역사적인 건설의 현장을 생생하게 복원해 낸 저자의 능란한 솜씨도 솜씨려니와, 사소한 자료 하나라도 귀중하게 여길 줄 알았던 백수십여 년 전의 토목장이들을 지켜보면서 미국의 숨은 저력에 장탄식이 절로 터져 나오는 것은 어인 일일까.

탁월한 정치 지도자들의 리더십과 노블리스 오블리주, 그리고 이처럼 철도 건설에 과감하게 뛰어든 그렌빌 도지·시어도어 유다·릴랜드 스탠퍼드·스트로브리지 등과 같은 이들의 노력과 리더십이 오늘의 미국을 일구어 냈다는 점을 인정하지만, 미국이 지금처럼 초강대국으로 군림할 수 있게 된 데에는 사실 행운(?)도 많이 따랐다는 점을 간과해서는 안 될 것이다. 그 행운이란 크게 네 가지로 요약해 볼 수 있겠다. 첫째는 유럽과 달리 신분과 계급으로 인한 불필요한 갈등과 역량의 소모가 적었기 때문에 신흥 부르주아지가 마음껏 그들의 정치·경제·문화적 역량을 발휘할 수 있었다는 점이다. 둘째는 사회 발전에 꼭 필요한 조건인 광활한 영토와 풍부한 자원들이 뒷받침되었다는 점이다. 셋째는 유럽이 두 차례의 세계대전으로 초토화해 가고 있을 때 오히려 미국은 인류 역사상 두 번 다시 찾아올 수 없는 엄청난 경제호황으로 인해 초고속 성장을 거듭할 수 있었다는 점이다. 넷째는 남부 농업 자본가와 북부 산업 자본가들이 정면으로 충돌한 남북전쟁을 통해서 농업에 묶여 있던 노예들이 해방됨으로써 값싸고 충분한 양질의 노동력을 확보할 수 있었다는 점이다. 그렇다고 해서 이 엄청난 대역사를 강력하게 밀고 나갔던 아메리카 토목장이들의 강인한 도전 정신과 저돌적인 개척 정신을 부정해서는 안 될 것이다.

그러나 이 책에서 가장 충격적이면서도 의외인 점은, 저자가 잘 밝혀 놓았듯이 이 대역사에 중국인이나 멕시코인 그리고 흑인 노동자들이 대거 동원되었다는 사실이다. 특히 우리의 눈길을 끄는 것은 백인들이 중국인 노동자들을 부리기 위해 익혔다는, 당시의 영·중(英中) 관용어 집의 관용어들이다.

영어권 사람들은 영·중 관용어집을 사용하여 중국어를 익혔는데, "괜찮은 소년 한 명만 구해 줄 수 있습니까? 월급을 8달러나 요구한 다고요? 6달러면 만족해야지요. 그 앤 상당히 어리석군요. 출근은 아침 7시, 퇴근은 저녁 8시, 불 지피고, 방 청소, 바닥 청소, 계단 청소, 램프 손질 등만 하면 됩니다. 임금을 더 깎고 싶군요." 등과 같은 표현이 대부분이었다. 가장 기본적인 표현인 "안녕하십니까?", "감사합니다."라는 문장은 아무리 찾아봐도 나오지 않았다.

반대로, 중국인들이 사용했던 중·영판을 살펴보면, "네, 마님 저를 때리지 말아 주세요. 감독이 나에게 임금을 지불하지 않고 있습니다. 나의 돈을 강탈하려고 합니다. (……) 총을 맞고 죽었습니다. 길에서 두 번씩이나 매질을 당했습니다. 눈 속에서 얼어 죽었습니다." 와 같은 문구가 대부분이었다.(188쪽)

이처럼, 대역사(大役事)의 뒷면에는 중국인을 비롯한 비서구 지역 노동자들의 고통과 눈물과 한숨이, 백호주의와 같은 인종차별의 그늘이 짙게 드리워져 있다. 비록 많은 부분에서 한계를 가지고 있지만, 비서구인들을 이해하고 그들의 삶을 객관적으로 읽어 내려 한 저자 앰브로즈의 균형 잡힌 관점은 『대륙』이 지닌 또 다른 장점이라 할 수 있다. 예컨대, "(중국인들은) 힘은 좀 약할지 모르지만 타고난 근면함으로 백인들보다 많은 일을 한다. 또한 손재주가 뛰어나 무슨 일이든 빠르게 익혀 뛰어난 숙련도를 보여 준다. 그들은 모두 읽고 쓸 줄 알며, 수리 능력은 백인들보다 뛰어나다"(190쪽) 같은 진술이나, "미국인들은 시냇물이나 호수에서 길어 온 물을 마셨기 때문에 많은 인부들이 설사, 이질, 기타 질병에 쉽게 노출되어 있었던 반면, 중국인들은 차를 마셨다. (……) 중국인들이야말로 부지런하고 한결같으며, 청결한 생활에서는 백인 인부들에게 하나의 본보기가 되고 있다"(206쪽)는 등의 평가가 그러하다. 그러나 이는 G2로 부상한 중국을 의식해서 그렇게 쓸 수밖에 없었던 것 아닐까 하는 공연한 의심이 들기도 한다.

어쨌든, 이런 균형 감각과 충실한 디테일 그리고 귀중한 사진 자료들은 이 책의 장점이다. 동서를 거침없이 횡단하는 저 위대한 대역사를 이루어 낸 위대한 사나이들의 열정과 도전 정신을 지켜보면서 문득 이런 상념에 젖어 본다. 우리도 저들처럼, 동서와 남북으로 쪼개지고 분단된 조국의 강토를 잇고 세계를 질주하는 가슴 뭉클한 감동의 레일로드 스토리를 만들어 낼 수는 없겠는가. 이 책의 원제이자 우리의 비원(悲願)이기도 한 'Nothing Like It in the World'가 정말 이 땅에서도 실현되기를 간절히 바라 마지않는다. 🖉

철도의 질주는
계속된다

에필로그를 쓴다. 여행을 마쳤다는 홀가분함보다는 아쉬움이 크다. 경인선과 수인선 그리고 한국 철도와 그 문화사를 살피고 훑어가면서 가끔은 멋진 마무리를 생각했다. 막상 종착점에 이르니 구상해 두었던 득의의 아이디어나 멘트는 오간 데 없고, 의례와 절차의 무게가 만만치 않음을 실감할 뿐이다. 그저 두서없는 소회로 긴 여행의 소감을 대신할 밖에.

애초의 계획은 철도(사)의 상하좌우를 도시 네트워크의 전망에서 살피고 통합하는, 문화 다큐멘터리 내지 소통의 에세이를 구상했다. 그러나 계획과 실제는 많이 달랐다. 전망을 따르자니 딱딱한 논문이 됐고, 대중성을 만들어 내기에는 소재가 부족했다. 오로지 어휘가 모자라고 발걸음이 더딘 탓이었다. 그 대신 원고 작업만큼은 때와 장소를 가리지 않고 진행했다.

원고 작업을 할 때에는 잡음을 지우고 긴장을 풀기 위해서 간혹 올드 팝이나 팝페라를 틀어 놓았다. 어제는 사라 브라이트만을, 오늘은 조수미를 듣는다. 지금은 미키스 테오도라키스(1925~)의 〈기차는 여덟 시

에 떠나네〉가 낮게 깔려 흐른다. 가사가 좋다. 레지스탕스였던 청년이 카테리니행 열차를 타고 떠난다. 기약 없는 길을 떠난 애인을 그리는 여인의 상심과 절절함이 잠깐 마음을 흔든다. 공자가 그랬던가. 서정시와 발라드의 본령은 "즐기되 빠지지 아니하고 슬프되 상심에 젖지 않는다(樂而不淫 哀而不傷)"는 데 있다고.

그리스 저항 정신의 상징인 테오도라키스가 작곡한 이 노래는 철도를 소재로 한 가장 걸출한 명곡으로 꼽아도 손색이 없을 것 같다. 격렬한 좌우 대립과 내전(1944~1949), 군부 쿠데타, 검열과 고문 등을 겪은 그리스와 우리는 마주보는 닮은꼴의 두 역사였다. 이 같은 역사적 공감대가 있었기에 그리스발(發) 저항의 발라드가 한국인들에게 크게 어필하는 것이 아닌가 한다. 흐릿한 모습의 증기기관차와 안개 자욱한 플랫폼을 배경으로 아그네스 발차(Agnes Baltsa)와 조수미의 노래가 낭랑한 음성으로 나란히 교차한다.

카테리니행 기차는 여덟 시에 떠나네

11월은 내게 영원히 기억 속에 남으리
내 기억 속에 남으리
카테리니행 기차는 영원히 내게 남으리

이 노래를 듣고 있노라니 문득 1980년대를 통과해 온 뜨겁던 대학 시절도 생각나고, 무작정 기차를 잡아타고 교외로 탈출하고 싶은 생각이 들기도 한다. 지금은 KTX에 GTX까지 논의되는 상황이라 기차에 대한 로망은 많이 약화되었다. 그래도 기분 전환과 재충전에 기차만한 묘약도 별로 없다.

기차 여행으로도 부족하다 싶을 때는 퇴계 이황(1501~1570) 선생께서 내려 주신 처방전을 함께 지참하는 것도 좋겠다. 선생이 편찬한 『활인심방』을 보면, 마음을 다스리는 두 개의 처방이 있다. 하나는 중화탕(中和湯)이요, 다른 하나는 화기환(和氣丸)이다. 중화탕은 나쁜 생각을 하지 않기, 좋은 일을 행하기, 질투하기 않기, 명예욕 없애기, 남모르게 돕기 등의 30여 가지 약재를 가루로 만들어 골고루 섞어 물을 넣고 바짝 달여 만든 탕으로, 수시로 복용하면 된다고 나와 있다. 화기환은 참을 인(忍) 자로 만든 환약인데, 이 환약은 반드시 입을 꾹 다물고 침으로만 삼켜야 한다. 스트레스가 쌓이고 화가 났을 때는 그저 시키는 대로 아무 말 말고 모든 괴로움을 꿀꺽 삼키라는 복약 지도를 잘 따르면 큰 효험을 볼 수 있는 유머러스한 묘약이다. 문득 쓸데없는 생각이 기승을 부릴 때 중화탕에 화기환을 같이 복용하면 만사형통이다.

세월이 가고 나이가 들면 말을 많이 하면서도 제대로 하지 못하는 때가 많다. 업무상 또는 인간관계로 인해 많은 말을 하게 되지만, 정작 하고 싶은 말은 삼키고 돌려야 하는 실어증적 상황이 생겨나는 것이다. 말에 허기를 느끼고 너무 많은 말을 삼켰다 싶을 때에는 연예인들의 수다와 말장난에서 위안을 얻으려 하지 말고, 중화탕과 화기환을 지참하고 세상에서 가장 편안한 사람과 함께 기차 여행을 떠나 보자.

그리고 가끔은 철도를 건설하고 운행하는 이들의 노고를 생각하고, 마음으로라도 감사하자. 글을 쓰는 내내 가장 안타까웠던 점은 철도 건설의 고된 노역에 동원된 이름 없는 민초들의 수고로움과 고통과 은혜

이다. 늘 의식은 했지만, 글에는 결국 그것들을 오롯이 담아 내지 못했다. 그 뜻을 기리는 차원에서, 투박한 서민적 가사문학으로 노동의 고단함과 선로반원으로서의 책무를 노래한 철도 노동자들의 구전 가요 〈길을 닦자〉를 소개해 본다.

예수교인 천당 가고
불교도는 극락 가네
유교도는 정신교육
우리들의 선로원은
비가 오나 눈이 오나
순진한 마음씨로
땀을 흘려 길을 닦고
육체노동 대도 닦네
공명하고 정대하니
도인이 따로 있나

길을 닦아야 도인이지
하느님이 계신다면
극락천당 우리 걸세
다음으로 넘어가세

이들뿐 아니라 고유섭·김기림·주요섭·윤후명·정동수·이상락·김삼
주 등의 문인들이 경인선과 수인선을 소재로 한 좋은 작품들을 남겼
다. 또, 철도를 서민의 시선으로 바라보며 그들의 아픔과 고통을 노래
한 신경림 선생의 시 「군자에서」도 기억에 남는다. 아울러, 원고에 반
영하지는 못했지만 인천의 현대사, 특히 경인선과 수인선에 관련된 사
진 자료를 발굴한 블로그 '인천의 어제와 오늘', 포털 사이트 카페 '한
국철도문화협력회(Railroad culture data research)', '협궤열차를 사랑하
는 사람들의 모임' 같은 온라인 모임들이 만들어 가는 철도 문화 또한
중요한 현상임을 언급하지 않을 수 없겠다.

이제 마무리 짓자. 철도의 최대 공적으로는 공간지리적 한계를 극복하고 지역을 하나로 연결하고 근대사회를 성립시켰다는 점을 꼽을 수 있다. 철도는 이런 문명사적 진보를 이루어 내기도 했지만, 세계를 식민화하는 첨병으로 지역을 서열화하는 억압구조를 만들어 내기도 했다. 요컨대, 우리의 현실이 보여 주듯 철도는 중앙집중화를 완화하고 지방화를 촉진하는 동시에 중소도시의 거대도시에 대한 의존적 체제를 강화하면서 다른 한편으로는 대도시 중심의 사회구조를 더욱 강화하기도 했다. 문명사적 진보를 이룩해야 할 책임이 철도에 있는 것은 아니지만, 그래도 철도가 지역과 국민국가의 한계와 위계를 넘어서 세계와 인류를 대동(大同) 세계로 묶어 내는 견인차가 되었으면 하는 희망을 품어 본다.

'질주하는 역사, 철도'는 끝났지만, 철도의 질주는 계속될 것이다.

수인선,
다시 달리다

수인선이 개통되었다. 17년 만이다. 이 17년은 어느 정도의 크기와 무게를 가지는가. 이를 수치로 환산하면 204개월이며, 날수로는 6,205일이다. 시간으로는 148,920시간이고, 분 단위로 바꾸면 8,935,200분이며, 초로 계산하면 536,112,000초이다. 수인선이 폐선된 것은 1995년 12월 31일이고 다시 개통이 된 것은 2012년 6월 30일이니, 정확히 말하면 재개통까지 걸린 시간은 16.5년=198개월=6,007일이다.

그런데 이 큰 숫자들이 생각보다는 별로 놀랍지 않다. 어인 일인가? 미디어들을 통해 하도 천문학적인 액수의 금액에 대해서 듣다 보니, 17년이며 204개월이며 6,205일은 어쩐지 왜소해 보인다. 큰 숫자를 자꾸 듣다 보니 수의 크기에 대한 감각이 무뎌진 것 같다. 숫자에 대한 감각의 상실, 이른바 이 후천적 숫자무감각증은 어쩌면 자본주의 사회의 경제지상주의가 만들어 낸 후유증일지도 모른다. 권력자들이나 재벌 총수들의 탈루와 탈세 그리고 주가지수나 연간 국가 예산 등, 어마어마한 규모의 금액에 대해서 듣다 보니 엄청난 규모의 금액과 숫자들에 대해서 현실감이 아예 사라져 버린 것이다. 삼성전자 몇 분기 실적 발표, 수출입액과 새해 예산 등 매일같이 미디어들이 쏟아 내는 숫자들을 반복해서 듣노라니 억(億)이나 조(兆) 단위의 이야기들도 심드렁하게 들린다. 돈이라면 결혼해서 조그만 아파트를 장만할 때 계약금과 중도금과

잔금을 치르면서 몇 천만 원이라고 인쇄된 자기앞수표를 몇 차례에 걸쳐 중계
(?)해 본 게 고작이니, 그만한 액수나 수치들은 내겐 그저 무의미한 기호들일
따름이다. 아직도 내게는 읽고 싶은 소설책 한 권, 시집 한 권과 교환할 수 있
는 만 원이 훨씬 더 현실적이고 실감이 난다. 아직도 돈에 대한 개념이 부족해
서 그럴 것이다.

　다시 17년이란 숫자의 크기에 대해서 생각해 본다. 우리의 수명을 80세로
잡으면 사분의 일에 육박하는 정도이니 짧은 세월은 아니다. 말이 나온 김에
80년을 달[月]로 계산해 보면, 960개월이다. 일수로 따지면 29,200일이다. 대
략 이런 정도인데, 우리는 무엇을 보고 그렇게 질주하고 있는가? 그리고 이
질주의 끝은 어디인가? 물론 이 질주는 불가역적이어서 왕복하거나 되돌아갈
수 있는 것도 아니다. 수인선처럼 다시 기적 소리를 낼 수 있는 것도 아니다.

　문득 삶이 무겁다고 느껴질 때 밤하늘의 별을 보거나 우주를 생각한다. 별
을 볼 수 없으면 별자리 지도나 천문학 책을 본다. 이런 큰 자리들을 보면서
내 안의 작은 욕망과 생각들을 가만히 지켜본다. 이 부유난상(浮遊亂想)들은
실체가 없는 것이라 바라보면 사라진다. 나타나도 바라보면 사라지고, 또 시
간이 흘러도 저절로 사라진다. 물론 그것들은 사라졌다가도 불쑥 또는 지속적
으로 다시 나타나기 때문에 실체가 있다고 착각하고, 때로는 그에 속거나 지

기도 한다. 그래도 지켜볼 줄 아는 삶은 편안하다. 괴로울 때, 부당한 유혹에 흔들릴 때, 또는 불합리한 판단에 휩싸였을 때 멈추고 바라보고 내려놓으려 한다. 상황은 그대로여도 마음은 덜 힘들어진다. 그래도 안 되면 기차를 타고 교외로 나간다. 기차로 만행(萬行)을, 아니 만행(漫行)으로 만행(萬行)을 가는 셈이다. 기차를 타고 생각의 밖으로 나가 보는 것이다. 유레일패스(Eurailpass) 를 가지고 대륙 횡단 열차를 타고 천리만리 나간다 해도 생각을 바라보고 멈추고 내려놓고 돌릴 줄 모른다면, 비록 몸은 멀리 떠나도 생각으로부터 벗어날 수 없는 '말짱 도루묵' 여행이 될 수도 있다. 그렇긴 해도, 수인선이 개통됐으니 내겐 만행의 코스이자 출퇴근 노선이 추가된 것이고, 든든한 동지가 더 늘어난 셈이다.

갓 네댓 살 즈음이었을 것이다. 친척 중 누군가의 손에 이끌려 탔던 수인선 동차. 당시 율목동에 살고 있었으니 수인역에서 동차를 탔던 것으로 짐작된다. 기차역이 굉장히 컸으니까. 양갱(羊羹) 두 개를 손에 들고 기차에 올랐다. 얼마쯤 지났을까? 협궤 동차가 진동이 큰 탓에 손잡이들이 마치 싱크로나이즈 경기에 출전한 선수들처럼 규칙적으로 일사분란하게 좌우로 흔들리던 장면이 지금도 눈에 선하다. 부모님과 떨어졌다는 슬픔을 느낄 겨를도 없이 그저 손잡이들이 펼치는 신기한 군무(群舞)를 넋을 잃고 쳐다보며 내려갔던 기억이 생생하다. 저녁 시간의 기차를 탔음인지 사방에서 들려오는 개구리 울음 소리가 참으로 대단했다. 지금 중앙의 모 일간지 차장으로 있는 셋째 동생이 태어나 형과 동생은 부모님과 함께 인천의 집에 남고 나만 고향의 조부모님들께 맡겨지는, 꼬맹이로서는 쉽지 않은 먼 유배(?) 길이었다. 밤이 이슥해서야 도착한 화성의 정남면 양깃말. 그날 밤, 대문 앞 살구나무에 앉아 우짖던 올빼미 울음소리가 밤새도록 이명처럼 울렸다. 이것이 내 기억에 남아 있는 수인선과의 최초의 만남이었다. 아무리 복원해 보려 노력해도 이것이 내게 남아 있는, 수인선과 첫 대면한 날에 대한 기억의 전부이다. 아, 플랫폼에서 발을 헛디뎌 넘어질 뻔했는데 누군가가 잡힌 손을 당겨 줘 철길로 떨어지지 않았던 것도 생각난다. 오직 그뿐, 어느새 나는 벌써 반백이 되어 있다. 잠시 책상 앞에서 이런저런 상념에 잠겨 있다가 오전 9시를 한참 넘겨서 집을 나선다.

　오늘은 수인선의 재개통이 코앞으로 다가온 6월 25일 월요일. 시운전 중인 수인선에 시승할 기회를 얻었다. 장소는 오후 2시 송도역. 수원의 집에서 학교 연구실로 가는 출근길. 동아시아한국학사업단 연구실에 들러 성적 처리를 마무리하고, 점심식사 후 송도역으로 갈 참이었다. 104년 만의 기록적인 가뭄이라 그런지 오전인데도 벌써 등에 땀이 차올랐다. 오후 1시 30분, 인하대학교 앞 정문에서 《경인일보》 기자 김영준 씨를 만나 그의 차를 타고 송도로 갔다. 수인선 송도역과는 몇 백 미터쯤 떨어져 들어선 송도역은 깔끔했고, 막바지 마무리 공사로 분주했다. 주차장에 세워진 태양광 전지판들이 인상적이었고, 마음에 들었다. 좋은 아이디어다. 일행은 모두 9명. 한국철도시설공단 홍보실 팀장님과 직원, 수인선 통학생이었던 정태민 남인천농협 조합장님, 경인일보사에서 네 명, 그리고 게스트로 참여한 필자까지 일행이 모두 시운전 중인 전철에 올랐다. 일행이 좌우로 나뉘어 자리를 잡고 앉자 한국철도시설공단 관계자의 간단한 설명이 이어진다.

"수원-인천 복선 전철은 총연장 52.8킬로미터로 2015년에 완공되며, 현재 공정률 54퍼센트까지 진행되었습니다. 30일부터 송도-오이도 간 노선이 개통, 4호선과 연계되며 이 구간의 소요 시간은 22분으로 매일 163회 운행됩니다. 기타 사항과 노선 현황에 대해서는 나누어 드린 자료를 봐 주세요."

기관사가 운전석에 들어가더니 이윽고 전동차가 출발했다. 나이가 들면 웬만한 일에는 잘 놀라거나 감동하지 않는다는데 허사(虛辭)인가, 살짝 감동이 왔다. 설렘 때문인지 기관차 소음과 에어컨이 내는 소리 때문인지, 관계자들의 설명이 몇 마디 오갔지만 듣지 못했다. 수인선에 대한 설명인 것으로 짐작하면서 예의상 고개를 끄떡이며 대답은 했지만, 사실 이 순간 내 관심은 온통 차창 밖에 쏠려 있었다. 기차가 속도를 내고 터널을 지나 연수역에 다다를 즈음, 정태민 조합장께서 입을 열었다.

"여기에 작은 산이 있었는데, 동차가 잘 힘을 쓰지 못했어요. 곡선 때문에 커브가 아주 상당했지……. 내가 이 길로 중학교, 고등학교를 다 다녔다고요."

"통학생들끼리 충돌이나 알력은 없었나요. 혹시 에피소드가 있으면 좀 말씀해 주세요."

일행 중 누군가가 물었다.

"아이, 왜 없었겠어. 기차역 주변에 사는 애들 텃세가 심했지. 아, 여차하면 자기네 동네 앞에서 끌어내리는데 뭘 어떻게 해. 꼼짝 못하고 다니는 거지, 뭐. 그렇다고 대단했던 건 아니고……."

"재미있는 일화도 많았겠어요."

"아, 그럼, 동차가 하루에 여섯 번 다녔으니까. 시간 놓치면 큰일 나지. 그래서 통학생들이 아예 쌀 한 자루나 닭 몇 마리와 계란을 역 근처 식당에 맡기고 백숙하고 계란 쪄 달래서 먹고 다니고 그랬지. 야목리·군자·소래에서 사람들이 물건을 잔뜩 이고 와서 수인역이 없어진 다음에는 송도역 앞에서 장이 섰다고요. 그 밑에쪽 사람들은 대개 수원으로 갔을걸. 이게 곳간차라고 하던 수여선과 연결된 거였잖아요."

"아, 저기 보이는 게 수인선 철교죠?"

원인재역에서 승기천을 가로지는 교각 아래로 녹슨 철교가 눈에 들어왔다. 아직도 수인선은 살아 있었다. 그 짧은 순간 '조금 더 지나면 아예 사라져 버릴지도 모를 수인선의 마지막 흔적들을 어떻게 보존할 수 없을까' 하는 생각과 아쉬움이 교차했다.

"아, 그렇죠. 승기천철교라고 수인선 철교인데, 아직도 남아 있네요."

송도역에서 출발한 전동차는 연수·원인재·남동 인더스파크·호구포·인천 논현을 거쳐 금세 소래 포구에 이르렀다. 소래 포구가 가까워 오자 동행한 경인일보사 사진부장님이 창밖을 보며 자연스럽게 대화를 주고받으란다. 하지만 그 주문이 떨어지기 무섭게 전동차는 소래 포구에 진입했다. 다급하게 이어지는 셔터 소리와 함께 지금 수인선을 타고 있다는 실감이 왔고, 눈 깜짝할 사이에 전동차는 월곶역에 도착하였다.

수인선을 탔다는 감동과 함께, 옛 수인선의 고즈넉함과 전원적 풍경이 오간데 없다는 안타까움이 밀려온다. 21세기의 수인선은 이제 도심을 가로지르는 또 다른 '메트로'의 하나일 따름이다. 소래에도 포구의 낭만과 정취는 없다. 이글거리는 욕망과 난개발의 표상처럼 고층 아파트 숲이 포구의 풍경을 여지없이 망쳐 놓고 있다. 잠깐 심미적 분노가 올라온다. 게다가 기차는 월곶역을 지나 단 20분 만에 오이도역에 도착했다. 17년의 기다림이 꿈결처럼 속절없이 순식간에 지나갔다. 한편으로는 일행들과 수인선을 두고 많은 대화를 나누고 싶었으나, 수인선 시승이 너무 아까워 일행과 헤어져 오이도에서 4호선을 이용해 수원으로 귀가하는 노선을 선택했다. 다시 부활한 수인선을 타고 인천에서 수원으로 내려와 보고 싶었던 것이다.

그러나 나의 수인선 시승은 감동적이거나 드라마틱하지 않았다. 수인선의 정취를 느껴 보기에 20분은 너무 짧았다. 또한, 짧은 순간의 감동과 설렘과 심미적 분노와 안타까움과 아쉬움 등의 감정에 에너지 소모가 많았음인가? 나의 수인선 시승은 너무 가난하였다. 돌아오는 길, 생각과 감정을 정리해 보리라던 다짐도 헛되이 나도 모르게 졸다 보니 벌써 금정역이다. 노선과 이름은 부활했지만, 신수인선은 진짜 수인선의 아우라까지는 살려 내지 못하였다. 과연 가는 세월과 시간을 무슨 방법이 있어 막을 수 있을 것인가? 그래도 추억은 결코 늙지 않는다는 통속적 깨달음을 확인한 것을 수확으로 생각하고 돌아왔다. 설렘과 아쉬움과 상념들이 교차하는, 꿈결 같은 시승이었다.

17년 만에 부활한 수인선과 나는 이렇게 만났다.